Tamagotchi Uni

たまごっちユニ

パーフェ

JN048564

たまごっちはあなたと一緒に暮らすパートナー。
お世話して、成長を見守って—。
そして「Tamagotchi Uni」では、
あなただけのあなたらしい、個性的なたまごっちと出会えます。

小学館

Tamagotchi Uni は 3つの Uni が キーワード

お世話遊びが楽しいたまごっち。しかも今回の「たまごっちユニ」では、これまで以上に個性豊かなたまごっちを育てることができちゃうんです♥

Uni① Unique
自分だけの Uni Tama を育てよう

自分だけの、個性的なたまごっちを育てたい。
そんな夢を「ユニ」でかなえちゃお♪Uni Tamaの説明は52Pをチェック!

見た目も性格も個性的なたまごっち

性格や好きなモノなどが異なるのも魅力の1つ。あなたのたまごっちはどんな風に育つかな?

あなただけの
オンリーワンな見た目に!

同じたまごっちでも全く異なる見た目に育てられる!個性豊かなたまごっちをお世話しよう!

2

Uni ② Unite
ユナイト

友だちと ツーしんで つながれる

1人でも楽しいけど、2人なら もっと楽しい! 友だちとツー しんして世界を広げちゃお。友 だちのお部屋に遊びに行こう♪

友だちと一緒にハンドメイド

協力プレイをして、 限定アイテムを作っちゃお。 ハンドメイドすると 素敵なことも起きちゃうよ。

プロポーズもできちゃう…♥♥♥

リアルな友だちのたまごっちに、 自分のたまごっちがプロポーズ!? レアなたまごっちを育てるチャンス!

Uni ③ Universal
ユニバーサル

世界の たまごっちに 会いに行こう

「たまバース」に行って世界中のたまごっち と出会おう。デートをしたり、世界旅行をし たりと遊び方はムゲンダイ!

たまごっち お世話ガイド ^{Point} **3**

たまごっちはお世話してもらうことが大好き！　でも、もしもそれを
サボってしまうと…悲しいコトも!?　たまごっちを大切に育ててね。

Point ①
お世話の基本
ごはん・おやつ／おふろ・トイレ

たまごっちは、おなかの減り具合とハッピーかどう
かが大切！　こまめにたまごっちの状態をチェック
して、ベストタイミングでケアしてあげてね。

ごはん・おやつ

たまごっちがたまごから生まれたら、まずご
はんをあげよう。時にはごはんやおやつの
思い出をSNSに書いてくれることも…!?

おふろ・トイレ

たまごっちはきれい好き。おふろやお掃除
は重要！　タイミングを見逃さずトイレに
連れてってあげてね。

Point ②
お世話すれば するほど ハッピーに!

毎日あなたがたまごっちに愛情をかたむけることで、ハッピー度がアップ。幸せそうなたまごっちが見られるよ。おやつや、友だちとのツーしんで毎日たまごっちをハッピーにしてあげて♥

たまごっちは お出かけが大好き!

Point ③
さみしくなると たまごっちに 変化が……!

たまごっちは少しあまえんぼう? お世話してくれないと、さみしくなっちゃって病気になったりしちゃうんだって。

風邪を引いたり虫歯になることも…
お世話をサボると風邪を引いたり、逆におかしばかりあげると虫歯になることも!

楽しくお世話して Let's ENJOY たまごっちライフ!

Tamagotchi Uni

たまごっちユニ パーフェクトガイド

コンテンツ

1章

\すべてはここから/

超キホン マニュアル

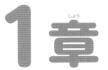

初めてたまごっちをお世話する人もこれで安心！
たまごっちの遊び方を大紹介。

たまごっちユニの遊び方〜〜〜〜〜

本体の説明

たまごっちユニは🅐、🅑、🅒の3つのボタンで操作するよ。
充電する時は付属の充電ケーブルを使ってね。

表面

裏面

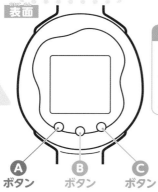

リセットボタン

リセットボタンを押して「データをけす」を選択すると、あなたがお世話したすべての記録が消えてしまうよ。

🅐 ボタン
🅑 ボタン
🅒 ボタン

充電ケーブル差込口

充電は付属のケーブルでしてね!
くわしい操作方法は「web取説」をチェック!→

ボタン操作

🅐 ボタン

・お世話メニュー画面を表示
・各種選択　・次のページに進む

| Wi-Fi☼ |
| じどうこうしん |
| ╋モード |

ページ送り

ページの右下に矢印がある時に🅐ボタンを押すと、次のページに進む。

— ページ矢印

🅑 ボタン

・決定

🅒 ボタン

・戻る　・キャンセル

電源の入れ方

🅑 ボタン を約5秒間長押ししてください。

起動画面

⚠ 電源が入らない時

一度リセットボタンを押し、再度🅑ボタンを約5秒間長押しする。それでも電源が入らない場合は、2時間程度充電してから起動させてみてね。電池残量が少ない場合があるよ。

⚠ ご使用の前に

一定時間操作しないとスリープ状態に入るよ。その場合は🅑ボタンを押して画面を起動させてね。

日付やニックネームの入力

起動したらまず最初に基本設定を行ってね。
「言語」と「エリア」は一度決めたら変更できないよ!

①言語

②日付・時刻

数字を1つ戻りたい時

◉ボタンを押しながら④ボタン。

前のページに戻りたい時

◉ボタンを2回押す。

③あなたのニックネーム

⑥プライバシーポリシー同意
⑦利用規約同意
⑧Wi-Fi接続

文字入力の仕方は
「web取説」を
チェック! ──→

④あなたの誕生日

⑤エリア

▶たまにっぽん

たまきたアメリカ

たまラテンアメリカ

たまごっちユニの世界で、
たまごっちに住んでほしい
エリアを8種類の中から
選べるよ!

・たまにっぽん　　・たまちゅうとう
・たまきたアメリカ ・たまオセアニア
・たまラテンアメリカ ・たまアフリカ
・たまヨーロッパ
・たまアジア

すべての入力が終わると…

すべての設定が完了したら、いよいよ
お世話スタート!
3種類のたまごから好きなものを
ひとつ選ぶと、リビングにたまごが出現。
約1分後にはゆーゆっちかにーにっち
が誕生するよ。

たまごが出現!

約1分で生まれるよ!

たまごっちの成長の流れ

たまごっちは成長していくと見た目や特徴が変わるよ。
お世話の仕方でそのパターンも変化するから、
たくさんお世話してあげてね。

たまご期

3つの中から育ててみたいたまごを選んでね！

たまごを選んだら、約1分で生まれるよ！
あっという間だから生まれる瞬間を見逃さないようにしよう。

約1分

ベビー期
病気になりやすいから注意！

約1時間

キッズ期
遊べる事が一気に増えるよ！

約1日

ヤング期
フレンド期までもう少し！
頑張ってお世話しよう！

約1日

フレンド期
プロポーズができるようになる！

病気を放置しちゃうと…

死亡
病気を放置したり、お世話をさぼってしまうと、たまごっちは死んでしまいます。

プロポーズ成功

ひとり立ち

すいぶんなやんだんですが
…ぼく、りっぱなおとなに…

新しいたまごっちのお世話スタート！

10

たまごっちの生態

たまごっちユニに登場するたまごっちたちは、性格を持っていたり、好きなものにハマったり、いろいろな一面が楽しめる♪

同じたまごっちでも性格が違うよ!

持っている性格ならではの行動を取る事があるよ!

その性格だけの表情がある!

おふろの入り方が違う!

アクセサリーの置き方が違う!

うんちする場所が違う!

お世話しないとぐーたらに…

ハッピー度が低いと、たまごっちがすねて、残念なことにぐーたらな態度を取るよ。

どの性格でもだらしなくなる…

たまごっちがしゃべることも!

ぼく、おさんぽはまいにちいきたいタイプなんです※

たまごっちがおしゃべりする声を聞ける場合も!「サウンドせってい」をONにして聞き逃さないようにしよう!

11

たまごっちの
ひとり立ち ∿∿∿∿∿

立派に育ったたまごっちと、時にはお別れする事も。それもたまごっちの成長につながる!?

お世話期間が長いと、たまごっちからひとり立ちを相談されるよ

ひとり立ちしたい理由はたまごっちによって違うんだ!

ひとり立ちをは引き止める事もできるから、よく考えてみよう。

「はい」を選ぶ

「いいえ」を選ぶ

たまごっちの病気

たまごっちの様子がおかしいと思ったら、それは病気になっているからかも…。ボタンを押して急いで治療してあげよう！

お世話をしないと病気になる

すぐに治療してあげよう！

お腹が空いていたり、うんちを放置すると風邪を引いちゃうよ。

おやつをあげすぎると虫歯になる

いっきにあげないよう注意！

ハッピー度を上げるために、おやつをいっきにあげすぎないように！

病気になる前のSOSに気づいてあげよう！

サウンドON推奨！

あなたの名前を呼んで助けを求めてる！

いろはっち

A・B・Cボタンのどれかを押して治療してあげてね

ボタンを1回押して治らない時は、何度も治療を繰り返すために各ボタンを押してね。

病気や虫歯を放置すると…

死神っちにとりつかれ死んでしまうよ。

死神っちにとりつかれたらきゅうきゅうしゃっちを呼ぼう！

病院に運ばれたら、治療してもらえるよ。

たまごっちの おへや

たまごっちが生活するお家は5つのへやに分かれているよ。

リビング　　　　ダイニング　　　　バスルーム

Ⓑボタン
で移動

Ⓐボタンで
選択

※どのタイミングでもⒸボタン

Ⓐ ボ タ ン 長押し

お世話メニュー画面

Ⓐボタン　お世話メニューを選択
Ⓑボタン　お世話メニューを決定
Ⓒボタン　リビング画面を表示

このメニューで、食事やお風呂、たまバースなどのお世話を選べる。

時計画面

バッテリー残量

11:23 AM
2023/11/23

Ⓐボタン　リビング画面を表示
Ⓑボタン　時計メニュー画面を表示
Ⓒボタン　リビング画面を表示

時計メニュー画面で時計のデザイン変更ができる。4種類の中から選ぼう!

14

家にも遊びにきて
ほしいでござる

わ〜い、
お邪魔します！

寝室

B

庭

B

B

を押すとリビングに戻るよ。

\楽しいこといっぱい/ 毎日わくわく！

1年のシーズンイベント

9月15日
スーパーつきっちの日

他にもイベントが
あるかも!?

11月23日
たまごっちの日

12月24日
サンタクロっち

12月25日
ホリデーイベント

1月1日
正月

4月1日〜4月7日
イースター

あなたの誕生日
ユーザー誕生日

毎月5日
ごっちポイントの日

毎月19日
歌の日

偶数月の15日
リビングにおばけ

奇数月の25日
トイレにたまごっち

15

じょうたい・せってい

1. ▶ じょうたい
2. プロフィール
3. おせわアイコン
4. せってい

たまごっちの状態をチェックしたり、
本体の設定を変更できるよ!

毎日わくわく!

① じょうたい

たまごっちの今の状態が表示されるよ。こまめにチェックしてお世話に役立てよう!

おなかメーター

たまごっちのおなかの減り具合をあらわす。

⚠ おなかが空っぽだと病気になりやすいから注意しよう!

ごっちポイント

ごっちポイントはたまごっち星のお金のこと。この画面であなたが持っているポイントが分かる。（最大99999まで）

ハッピー度

メーターが右にいっぱいになるほど、たまごっちの機嫌がいい。

⚠ ハッピー度が0だと病気になりやすいから注意しよう!

② プロフィール

たまごっちのプロフィールやあなたのニックネーム、ゲットしたおせわアイコンを確認!

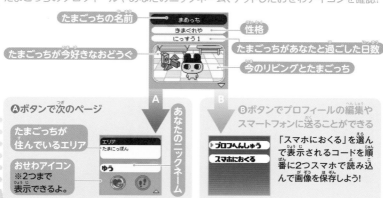

たまごっちの名前

性格

たまごっちが今好きなおどうぐ

たまごっちがあなたと過ごした日数

今のリビングとたまごっち

Ⓐボタンで次のページ

あなたのニックネーム

たまごっちが住んでいるエリア

おせわアイコン
※2つまで表示できるよ。

Ⓑボタンでプロフィールの編集やスマートフォンに送ることができる

▶ プロフへんしゅう
スマホにおくる

「スマホにおくる」を選んで表示されるコードを順番に2つスマホで読み込んで画像を保存しよう!

16

③おせわアイコン

お世話をしていく中で、いろいろな条件を達成すると「おせわアイコン」がもらえるよ。
いっぱい集めよう!

アイコン一覧画面

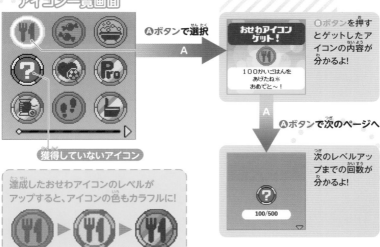

Ⓐボタンで選択

おせわアイコン
ゲット!

100かいごはんを
あげたね※
おめでと〜!

Ⓑボタンを押すとゲットしたアイコンの内容が分かるよ!

Ⓐボタンで次のページへ

100/500

次のレベルアップまでの回数が分かるよ!

獲得していないアイコン

達成したおせわアイコンのレベルが
アップすると、アイコンの色もカラフルに!

最初の達成でレインボーになるアイコンも!?

④せってい

画面の明るさや音のON/OFFの設定を変えられるよ!

▶ あかるさせってい

あかるさせってい
暗くする…Ⓐボタン
明るくする…Ⓑボタン
設定を保存して終了する…Ⓒボタン

サウンドせってい

▶ ON
OFF

サウンドせってい
「OFF」にするとたまごっちの声や
効果音が聞こえなくなるよ!
⚠ 治療が必要な時や空腹時の呼び
出し音も鳴らなくなるから注意してね。

17

🍴 ごはん・おやつ

① **ごはん**
② **おやつ**
③ **たまデリバリー**

ごはんやおやつをあげたい時は
この画面を選んでね!

たまデリバリーは
ハマっちゃうわよ!

❶ごはん

ごはんをあげると「おなかメーター」がたまるよ!

所持数:
アイテムを持っている数
同じものは
最大3つまで持てる

① スープ

Ⓑ**ボタンで選ぶ**

Ⓐ**ボタンで次のページ**

おなかいっぱいの時は…

おなかメーターがいっぱいの時にごはんをあげても食べてくれないよ!

満腹だぴょん

ニガテなたべものがある

フレンド期のたまごっちはみんな「コーンフレーク」がニガテなんだって…!

ほかの食べ物がいい〜

②おやつ

おやつをあげると「ハッピー度」がたまるよ!

ヨ

ワッフル

おやつを食べても、おなかメーターはたまらないから注意しよう!

おやつをあげすぎると…

いっきにたくさんおやつをあげると虫歯になっちゃうから注意!

③たまデリバリー

ごはんかおやつのどちらかを選んで、デリバリーしてもらおう!

▶ごはん
おやつ

B

1

ハンバーガー

120 G

たまデリバリーで食べ物を買うにはごっちポイントが必要だよ! ゲームセンターなどでごっちポイントをゲットしよう!

Aボタンで
次のページ

Bボタンで
個数選択画面

B

なんこかう?

▶1こ
2こ
3こ

Bボタンで購入

たまデリバリーで〜す!
ごちゅうもんのしなを
おとどけにあがりました

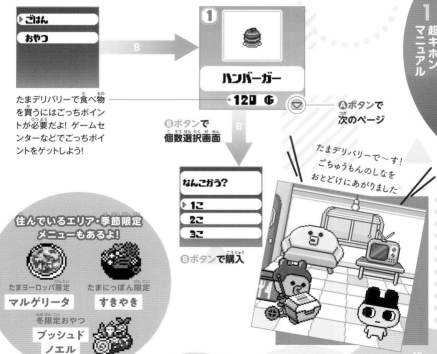

住んでいるエリア・季節限定メニューもあるよ!

たまヨーロッパ限定
マルゲリータ

たまにっぽん限定
すきやき

冬限定おやつ
**ブッシュド
ノエル**

 # トイレ・おふろ

① ▶ トイレ
② おふろ

たまごっちがうんちをしたそうな時や、
体が汚れていたら
連れて行ってあげよう!

①トイレ

たまごっちが、うんちをしたそうにソワソワしている時と、
おへやにうんちをした後では、トイレの方法が変わるよ!

うんちをしたそうに
ソワソワしていたら…

右の画面のようにたまごっちが
ソワソワしていた時にトイレメニュー
を選ぶか、バスルームに移動すると、
きちんと便器でうんちできる!

ソワソワ…

便器に座るよ

おへやにうんちを
していたら…

トイレに間に合わずおへやでし
ちゃった…! そんな時にトイレメ
ニューを選ぶとキレイに掃除できる!

うんちを発見!

お掃除してあげよう!

病気に
なりたくないの〜

うんちを見つけたらすぐに掃除!

⚠ へやにうんちがたまりす
ぎると病気になっちゃうよ!
最初は小さいうんちでも、たまっていく
と、どんどん大きくなってしまう! うん
ちがたまった状態だとたまごっちは病
気になり、放置すると死んでしまうよ。

②おふろ

3日間おふろに入らなかったら、たまごっちの体がホコリまみれになっちゃうよ!

たまごっちが
ホコリ
まみれに…

毎日おふろに
入れてあげてね♪

性格によって
おふろの入り方が違う!

おふろ大好きです〜!

・おとなしいタイプ→ゆったりおふろに入る。
・かっぱつタイプ→バシャバシャおふろに入る。
・シャイタイプ→顔を赤らめながらおふろに入る。
・あまえんぼうタイプ→アヒルっちのおもちゃと一緒におふろに入る。
・ふしぎタイプ→泡でいろんなものを作りながらおふろに入る。

スマホ

① **たまシッター**

② **たまSNS**

③ **たまごっちメモリー**

たまシッターに預けたい時や、
たまごっちが投稿したSNSを見たい時、
今までお世話した歴代のたまごっちを
振り返りたい時はこの画面!

①たまシッター

あなたの代わりにシッターぽけっちが、たまごっちをお世話してくれるよ!

こんにちは
たまシッター
です!

おせわは
おまかせください※

「たまシッター」を選ぶと
シッターぽけっちが来てくれるよ!

B →

あずける?

▶ はい

いいえ

あなたがお世話を
交代できる
ようになったら
Ⓑボタンを押す

B ↓

**あずけるのを
しゅうりょうする?**

はい

いいえ

18時までにお世話を交代してね!

朝7時から夕方17時58分まで
預けられるよ!
おむかえが18時を過ぎると
たまごっちがいじけてしまうよ。

シッターぽけっち

おせわは
おまかせください!

22

❷たまSNS

1日1回、たまごっちが印象的だったできごとを
写真付きで投稿してくれるよ!
過去10件までの投稿が見られる!

更新されたら「NEW」の
マークが付くよ!

スマホを触っていたら
更新の合図!

毎日19時が「たまSNS」の更新時間。
あなたがその日お世話した内容で
投稿内容も変わるよ!

ごちそうさま
#たべもの　#もぐもぐ

A

Ⓐボタンで
違う日の
投稿が
見られる

B

Ⓑボタンで
「スマホにおくる」
ことができる

▶スマホにおくる

スマホへの送り方
は「web取説」へ!

いっぱい更新するしま

誰かが「いいね」してくれる!!

投稿直後は何もなかったのに…

おすすめアイテム
#おすすめ　#アイテム

ハートが
付いている!

ホッ　おアイテム
すすめ　#アイテム

❸たまごっちメモリー

過去にお世話した、
たまごっちを5世代前まで
ふり返る事ができる!

ゆう
ひとみしり
みみっち

1／5

Ⓐボタンで
次のキャラが
見られる

たまバース

たまごっちたちのメタバース空間
「Tamaverse」におでかけできるよ！
世界中のたまごっちに会いに行こう！

52ページで詳しく紹介中！

たまバースの歩き方

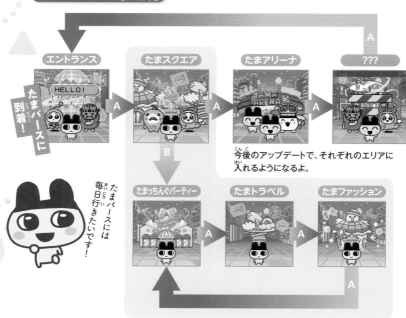

エントランス　たまスクエア　たまアリーナ　???

たまバースに到着！

A　A　A

今後のアップデートで、それぞれのエリアに
入れるようになるよ。

B

たまっちんぐパーティー　たまトラベル　たまファッション

A　A

A

たまバースには毎日行きたいです！

世界のたまごっちに会える！

Wi-Fiに繋いだ状態でたまバースに遊びに行くと
実際に世界中のみんなが育てている
個性的なたまごっちに会う事ができるよ。

Wi-Fiへのつなぎ方は
←「web取説」を確認

24

たまスクエアに行ってみよう!

たまスクエアでは、「たまっちんぐパーティー」や、「たまトラベル」、「たまファッション」の3つの施設で遊べるよ!

いろんなたまごっちに会えちゃうんだぜ!

たまバース大好きなの

たまスクエアで遊べる3つの施設はこちら!

たまっちんぐパーティー

気に入った相手に
プロポーズして
パートナーになろう!

たまトラベル

ツアーに参加して
世界中を旅しよう!

たまファッション

世界中のコーデを
チェック!
購入もできるよ♪

たまバースは随時アップデートしていくよ。
日々新しくなるたまごっちユニを楽しもう!

たまアリーナ

たまアリーナではイベントが開催されるよ!
世界中のたまごっちと、チームになって
ミニゲームに挑戦しよう!

???

お楽しみ企画が満載!!
今後のアップデートをお楽しみに!

もちもの

① ▶ おどうぐ
② アクセサリー
③ かぐ
④ ハンドメイド

あなたが持っている
おどうぐ、アクセサリー、かぐは
ここで確認しよう!
ハンドメイドでアクセサリーを
作る事もできるよ。

①おどうぐ

持っているおどうぐを使ったり、へやに置いたりできるよ!

▶ つかう
へやにおく
やめる

使うを選ぶと、たまごっちがそのおどうぐで遊んだりする!
嫌いなおどうぐの場合は使えないよ。

使える場合 / 嫌いな場合

へやが汚れてきたら、
「おそうじロボ」でリビングのお掃除をしよう!

ホコリまみれ… → へやがキレイに!

おどうぐはリビングに置けるよ。置き続けると、そのおどうぐの事をどんどん好きになっていく!

「ガラガラ」が
使えるのは
ベビー期まで!

たくさん
遊びたいにーに

39ページで詳しく紹介中!

❷アクセサリー

フレンド期になると頭・顔・体・背中に同時にアクセサリーをつけることができるよ！
キッズ期は頭のみ、ヤング期は頭・顔しかつけられないよ！

つけたいパーツを選ぼう！

- 頭のアクセ
- 顔のアクセ
- 体のアクセ
- 背中のアクセ

アクセサリーは最大40個まで所持できるよ！
気分で組み合わせを楽しもう！

Ⓑボタン

アクセを選ぼう！

クラウン

◀ Ⓒボタンを押しながら Ⓐボタンで左に移動

Ⓐボタンで右に移動 ▶

Ⓑボタンで決定

Ⓒボタン2回で前のページに戻る

アクセを外したい時は…
外したいアクセのアイコンをもう一度選択、もしくは空白のパネルを選ぶと外す事ができるよ！

❸かぐ

かぐは、リビングに2個、にわに1個置けるよ！　まずはかぐを置きたい場所を選ぼう！

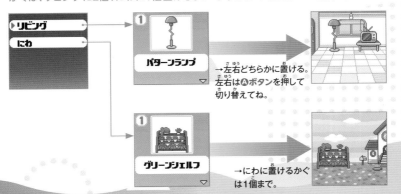

▶リビング
にわ

❶ パターンランプ

→左右どちらかに置ける。左右はⒶボタンを押して切り替えてね。

❶ グリーンシェルフ

→にわに置けるかぐは1個まで。

27

④ハンドメイド

レシピやそざいを集めて、好きな色のアクセサリーを手作りしよう！ ハンドメイドしたい時は「レシピ」、持っているそざいを確認したい時は「そざいリスト」を選ぼう！

Ⓐボタンで選択
Ⓑボタンで決定

たまウォーク（→p43）でゲットした
そざい一覧が見られる。

レシピやそざいはたまウォークで、
色そざいはたまファームでゲット！

作りたいパーツを
選んでね。

作りたいアクセサリーを
選んでね。

Ⓐボタンを押すと
色が変えられるよ！

ツーしんで友だちとも
ハンドメイドできる♪
50ページへ！

ハンドメイド開始！

おでかけ

たまモール
ゲームセンター
たまウォーク

1 2 3

お買い物やミニゲームを楽しんだり、たまごっちと一緒にお散歩できるよ!

①たまモール

おどうぐやアクセサリー、かぐなどを買ったり、売ったりしよう!
リビングのリフォームもここでできる!

いらっしゃいませ～♪
たまモールへようこそ!

かう
うる

買うか売るか選んでね!

「かう」場合

おどうぐ
アクセサリー
かぐ
リビング

買いたいアイテムを選んでね。おへやをリフォームしたい時は「リビング」を選ぼう。

リビングを選ぶと…

ウッディー
2000G

リフォームしたいデザインを選ぼう。

リビング以外を選ぶと…

1
ぬいぐるみ
500G

アイテムを買うにはお金(ごっちポイント)が必要。

「うる」場合

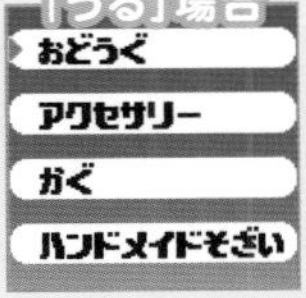

おどうぐ
アクセサリー
かぐ
ハンドメイドそざい

売りたいアイテムを選んでね。

1
ぬいぐるみ
50G

購入時の1/10の値段で売れたり、拾ったハンドメイドそざいを売る事もできる。

お買い物を楽しんでください!

②ゲームセンター

GAME

ごっちポイントを稼ぐために、楽しいミニゲームに挑戦しよう!

詳しくは45ページへ!

③たまウォーク

8:57

あなたが歩けば歩くほど、たまごっちもお散歩するよ♪
お散歩中にそざいやレシピを獲得!

詳しくは43ページへ!

ツーしん

① ツーしん
② ともだちリスト

たまごっちユニを持っている友だちと
ツーしんして遊べるよ!
たくさんツーしんして
「ともだちリスト」をいっぱいにしよう!

❶ツーしん

あそびにいく
きてもらう

ツーしんする2人で一緒に、操作する必要があるよ。
❶の「ツーしん」を選んだら、Ⓐボタンを押して、
1人が「あそびにいく」を、
もう1人は「きてもらう」を選んで
Ⓑボタンで決定してね。

たまごっちユニ同士のツーしん時の注意

2m以内

⚠ ツーしんはお互いの距離が
約2メートル以内で行おう。
⚠ たまごっちユニ同士でしか
ツーしんできないよ!
詳しくは
「web取説」を
チェック→

「あそびにいく」を選んだ人

ツーしんパス

1ⓖ

この画面になったら、友だ
ちから「ツーしんパス」を
教えてもらって入力しよう。

⬇

あそびにいくで「はい」を
選ぶとツーしんできるよ!

「きてもらう」を選んだ人

ツーしんパス

1ⓖ
ツーしん
たいきちゅう…

この画面で表示される
「ツーしんパス」を友だち
に教えよう!

⬇

あそびにきてもらうで「はい」
を選ぶとツーしんできるよ!

ツーしんが成功したら…

「きてもらう」を選んだ人の2人がいるよ～！

「きてもらう」を選んだ人の
たまごっちユニに
左の画面が表示されるので、
何をして遊ぶか選んでね！

- あそぶ
- アイテムこうかん
- ハンドメイド
- プロポーズ

ツーしんでの遊び方は
48ページへ！

②ともだちリスト

ツーしんしたことがある友だちのニックネームが表示されるよ!
ツーしんした友だちは8人まで記録される。

- なおこ
- えりか
- ひなこ
- さがも

記録を見たい
友だちを選ぶ

9人目の友だちを記録する時は…
9人目以降は、ツーしんした時にリストからお別れする友だちをひとり選ぶ必要があるよ。

**Ⓐボタンで
次のページ**

**Ⓑボタンで
お別れページ**

EMMA
ねりあっち
ようき
にっすう 1

A →

エリア
たまヨーロッパ

すき
イルカっちフロート

B →

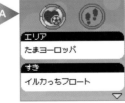

おわがれする?

- はい
- ▶ いいえ

上から、友だちのニックネーム、たまごっちの名前、性格、たまごっちが友だちと過ごした日数

上から、おせわアイコン2種、友だちのたまごっちが住んでいるエリア、好きなおどうぐ

ともだちリストから消す場合は「はい」を選ぼう。

31

ネットワーク

① ▶ ネットワーク✿

② ダウンロード

③ アップデート

④ おしらせ

Wi-Fi接続やダウンロード、
アップデートなどの設定ができるよ。
大人の人と一緒に操作してね。

「ネットワーク」の様々な設定について
の詳細は「web取説」を確認しよう!→

①ネットワーク

ネットワークに関する設定や、利用規約の確認などができるよ!

▶ Wi-Fi✿ ──── Wi-Fiに接続したい時はここから設定しよう。

じどうこうしん ──── 「じどうこうしん」をオン／オフが選べる。
オンの場合、1日1回自動的にネットワークに接続して
データが更新されるよ。

オンだと青色
オフだとグレ
ーになるよ!

✈モード ──── 「✈モード」をオンにするとWi-Fi機能がOFFになる。
※飛行機内など、無線通信の使用が制限されている場所
ではオンにしてください。

Ⓐボタンで
次のページ

A

ペアレンタル
コントロール ──── 「ペアレンタルコントロール」をオンにすると、
一部のメニュー操作時にパスワード入力が必要になるよ。
※お子様にWi-Fi設定を変更されたくない場合など、
機能に制限を設けたい場合にご使用ください。

きやく&ポリシー ──── スマートフォンを使って「利用規約」
「プライバシーポリシー」
「知財表記」「認証」を確認
する事ができるよ。

⚠ パスワードを
忘れないよう注意

ペアレンタルコントロールの
パスワードを忘れた場合
本体のデータを消去して
設定をやり直す必要があります。

32

②ダウンロード

アイテムなどをダウンロードできるよ!

コードにゅうりょく ── コード入力が成功すると本体に登録され、ダウンロードできる。
ダウンロードしたアイテムは「もちもの」に入るよ。

コラボいれがえ

アイテムいれがえ ── 今後のアップデートをお楽しみに!

リストこうしん ── ダウンロードコードで本体にダウンロードした事のある
アイテム一覧を見たり、消したりできる。
※ダウンロードアイテムは本体に8種類まで保存できる。
※本体からダウンロードアイテムを消しても何度でも
ダウンロードできるよ!

── ダウンロードコードでゲットしたアイテムのリストを更新するよ。
「はい」を選ぶとWi-Fi通信が始まり、リストが更新される。

③アップデート

Tamagotchi Uni本体のアップデートができるよ!

アップデートする ── Wi-Fiに接続していれば、ここで本体を更新できるよ。

いまのバージョン ── いまのバージョンがいくつか確認できるよ。

④おしらせ

Tamagotchi Uniに関するお知らせをチェックしよう! プレゼントが届くことも…!

NEW!
てがみ ── Tamagotchi Uniに関するお知らせが表示されるよ。

NEW!
プレゼント ── プレゼントがもらえるかも!

おしらせこうしん ── 新しいてがみやプレゼントがあるか、
ネットワークに接続して確認できるよ。
「NEW!」が付いていたら届いているよ。

たまごっち ほんわか劇場 ①

★まんが：えびなしお

① こんにちは!!
ぼくは
まめっち!!

たまにっぽんに
すんでます!!

② 今日は新しい友だちがやってきたみたいなので
会いに行こうと思います!!

すい〜〜

③ ってキ
いつのまに―!!?

④ まるの名前はゆにまるっちだよ

あつめたいお茶でいいよく♪

スっと入ってきてくつろぎすぎですよ

ぼくのコロにもスっとはいってきちゃって…

2章

\ たまごっちユニ /

3つの"Uni"テッテー紹介

たまごっちユニは"ユニ"がキーワード。
新感覚のたまごっちを楽しんじゃお♪

Unique
ユニーク

お世話をすればするほどユニークなたまごっちに成長するよ!

同じたまごっちでも性格が違う!

 **性格**

性格によって普段の行動や好きなもの、苦手なおどうぐ、
見せてくれる表情が違うことがあるよ。
あなたのたまごっちの性格にあったお世話をしてあげよう!

おふろの入り方が違う!

例えば、
おとなしいな性格だと
ゆったりおふろに入るけど、
かっぱつな性格だと
バシャバシャ水しぶきを
立てながらおふろに入るよ。

おとなしいの場合

ゆったり入浴!

かっぱつの場合

勢いよく入る!

うんちをする場所が違う!

例えば、
おとなしいな性格だと
へやの端っこにまとめて
うんちをするけど、
かっぱつな性格だと
へや中のあちこちに
うんちするよ。

おとなしいの場合

まとまってる!

かっぱつの場合

散らかってる!

アクセサリーの置き方が違う!

例えば、
おとなしいな性格だと
きちんと整えて
アクセサリーを置くけど、
かっぱつな性格だと
散らかしがち…!

おとなしいの場合
整頓されてる!

かっぱつの場合
適当に置かれてる!

好きな食べ物・アクセサリーが違う!

好きな食べ物・アクセサリーが違う! 好きなごはんやおやつ、アクセサリーは、
たまごっちによって、また、性格によっても違いがあるよ。

ふしぎの場合
もぐもぐ…

シャイの場合
喜んでもぐもぐ!

ふしぎな性格を持つまめっちと
シャイな性格を持つまめっちに
「サンドイッチ」をあげてみると
…

ふしぎの場合
お着替え!

あまえんぼうの場合
喜んでお着替え♡

ふしぎな性格を持つまめっちと
あまえんぼうな性格を持つまめ
っちに「ピンクのリボン」を渡す
と…

 同じまめっちでも性格によっていろんな一面を楽しめるね!

同じたまごっちでも、性格によって個性豊かに育つよ。

おとなしいタイプ

すみっこで静かにいる

- ・きちょうめん
- ・クール
- ・おだやか
- ・まじめ
- ・かもく
- ・けんきょ

かっぱつタイプ

アクティブに動く！

- ・やんちゃ
- ・ようき
- ・せっかち
- ・だいたん
- ・ねっけつ
- ・わんぱく

シャイタイプ

恥ずかしそうにもじもじ

- ・ひかえめ
- ・おくびょう
- ・ひとみしり
- ・シャイ
- ・はにかみや
- ・せんさい

あまえんぼうタイプ

目をキラキラさせる

- ・さみしがりや
- ・なつっこい
- ・あまえんぼう
- ・ツンデレ
- ・フレンドリー
- ・ラブリー

ふしぎタイプ

不思議な動きが多い

- ・のんびりや
- ・うっかりや
- ・マイペース
- ・きまぐれや
- ・ふしぎちゃん
- ・てんねん

好きなおどうぐ

おどうぐをリビングに置いておくと、
たまごっちが、どんどんそのおどうぐのことを好きになっていくよ！

おどうぐを置き続けると"好き"から"プロ"になる！

継続してへやに置き続けることで、日に日におどうぐに興味を持ち始めるよ！
好きになるまで、途中でおどうぐを片付けないようにしよう！

「ぬいぐるみ」の場合

最初は
不思議そう
でも…

おどうぐで
遊ぶように
なる！

「サッカーボール」の場合

好きなおどうぐを片付けると悲しむ！？

好きになっているおどうぐを片付けたり、他のおどうぐに変更すると嫌がることも！ちゃんと新しいおどうぐも置き続ければ興味を持って、好きになってくれるからたくさんのおどうぐで遊ばせてあげよう！

悲しんだり…

夢にまで見る…！？

39

アクセサリー

アクセサリーでオシャレしてユニークなたまごっちを目指そう!

同時に「頭」「顔」「体」「背中」に付けられる!

組み合わせは無限大!?
あなた好みに
オシャレを楽しもう♡

あなたの気分や好みに合わ
せて付け替えるもよし、たま
ごっちが好きなアクセサリー
をつけてあげるもよし!

ご当地や季節に合わせたアクセサリーがかわいい♡

季節限定アクセサリーはたまモールでゲットしよう。たまバースのたまファッションでは、
さまざまなエリアのアクセサリーもゲットできるよ♪

春　夏　秋　冬

たまにっぽん　きたアメリカ　ラテンアメリカ　ヨーロッパ

ちゅうとう　オセアニア　たまアフリカ　たまアジア

たまごっちの好きなアクセサリーをつけてあげれば
ハッピー度もたくさんたまる!

リビング・かぐ

たくさんの種類の中からリビングやかぐを選んで、こだわりいっぱいのへやを作ろう!

リビングに最大2個のかぐが置ける!

かぐは 50種類以上!

かぐの置き方によってへやの印象が全然違う! たくさん集めてお気に入りを見つけてね。

リビングもリフォームできる!

リフォームできる へやのデザインは 27種類以上!

たまモールでデザインを選んで購入すると、お家にみみフォームっちがリフォームしに来てくれるよ!

リフォームは
自分に
おまかセッス!

みみフォームっち

アクセサリーに合わせたお部屋にするのもGOOD!

リビング・かぐ・アクセサリーのテーマを揃えてトータルコーデを楽しもう!

テーマを決めて、アクセサリー・かぐ・おどうぐ・リビングを揃えるのも楽しい!

モチーフを全部
揃えてみたよ♪

サイバー　　ラブリー　　たまアメリカン

かぐは庭にも置ける!

リビングに置けるだけじゃなく、実は、庭にもかぐを置くことができるよ。庭にかぐをひとつ置くだけでいっきに映える!

庭にかぐを置き続けると…

一定期間かぐを置いていると、たまペットが遊びに来てくれるかも! かぐの種類によって来てくれるたまペットが違うから、いろいろなかぐを飾ってね。

たまペットが遊びに来てくれることも!

かわいいたまペットたちをご紹介

たまペットは全5種類! どのたまペットがお庭に遊びに来てくれるかな?

もなトトっち

リンスっち

まきもっち

しゅりけんっち

はらっぱらっち

とっても癒されるわ〜♡

仲良くなりたいです

たまごっちと一緒に歩いてそざいをゲット!

 たまウォーク

あなたが歩く動きに連動してたまごっちもお散歩するよ!

レシピ・そざいがゲットできる3つのコース

お散歩するコースによって手に入るレシピやそ
ざいが違うよ。季節限定コースで手に入れたレ
シピやそざいでしか作れないアクセサリーも!

お散歩コースによって
すれ違うたまごっちが違う!

どーなっち　おじっち　ままふらわっち

ウエルカメっち　もりじかっち　すのぽっち

1つめ
たまストリート

2つめ
たまパーク

3つめ　季節限定コース

春限定
フラワーヒルズ

夏限定
マーメイドパレス

秋限定
ぱっちのもり

冬限定
のーす²ぽいんと

2
3つの "Un"
テッテー紹介

色そざいがゲットできるたまファーム

色そざいを使って、好きな色のアクセサリーをハンドメイドしよう!
色そざいはたまファームで果物を収穫するとゲットできるよ。

同じフルーツを3つ集めると色そざいを1つゲットできる!

 =あか　=オレンジ　=き　=みどり　=あお

 =むらさき　=ピンク　=しろ　=くろ

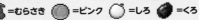   =ちゃ　=グレー

はたけもーっか

43

ハンドメイド

たまウォークでレシピやそざい、色そざいを集めたら、
いざハンドメイド開始!

いろいろなアクセサリーを手作りしよう!

ハンドメイドでしか作れないアクセサリーが盛りだくさん! 季節にぴったりなアクセサリーなどもあるので、たまウォークとセットでたくさん遊んでね!

11色のカラーバリエーションが楽しめる!

同じアクセサリーでも色が違うだけで印象がガラッと変わるよ!
わたリボンでその違いを見てみよう。

ゲームセンター

ユニークにお世話するにはたまごっちのお金＝ごっちポイントも必要不可欠。楽しいミニゲームでいっぱい稼ごう！

オールシーズン遊べるミニゲーム

ミニゲームは毎日3種類のゲームが開放されているよ。そのうち「レッツダンス」と「バーガーショップ」はいつでも遊べるんだ♪

2

3つの"Ûnî"テッテー紹介

レッツダンス

お手本の動きと順番を覚えて、お手本通りに踊りきろう！ 最後のキメポーズの手の角度がポイント！

お手本通りに ダンス♪

大成功！

失敗…

⚠注意
たまごっちユニをベルトでしっかり左腕にはめてダンスしないと成功しないよ！

バーガーショップ

手を挙げて注文しているしろたまズの席にすばやくハンバーガーを届けよう！

呼んでいる席に バーガーを運ぶ！

連続10回 運べたら成功！

ミスするとしろたまズに 怒られちゃう！？

45

季節限定のミニゲーム

季節によって変わる期間限定ゲームは4種類！ 時期に合わせて4つのうちのひとつが開放されているよ。

春 エッグハント

うさっちを上下に動かして、イースターエッグを集めよう！ ゴールするまでに集めた数で成績が決まる。

上・中・下段のたまごをすべて取ろう！

大成功で····

ふたりでお祝い！

夏 ベストショット

うさっちが右端に近い位置の時にタイミング良くボタンを押して、花火が一番きれいな瞬間を撮ろう！

タイミングよくシャッターを押そう！

大成功で····

アルバムをかわいくデコれる！

秋 あきのしゅうかく

落ち葉で隠れている秋の味覚の位置を覚えて、同じものを2連続で見つけよう！

隠れている食べ物を揃えよう！

大成功で····

カゴいっぱい♥

冬 スノーキャッチ

ゆきだまっちを動かして、しずくをよけながら雪の結晶をキャッチしよう！

落ちてくる雪をキャッチ！

1

大成功で····

上手くいくと立派な姿に！

▯たまSNS

毎日19時になるとたまごっちがSNSを投稿してくれるよ！

一日の印象的だったことを投稿！

たまごっちがスマホを持ち始めたら更新の合図。
あなたが一日、どんなお世話をしたかで内容が変わる！
ハッシュタグの内容もさまざま！

食べ物	たまバース	アクセサリー	ツーしん

ごちそうさま #たべもの #もぐもぐ	すきなけしき #さんぽっていいよね	みんなもってる？ #おすすめ #アイテム	たのしすぎー！ #lol #にこにこ
↑好きな食べ物を食べられて嬉しかった日。	↑たまバースに連れて行ってもらえて、満喫できた日。	↑好きなアクセサリーを付けてもらえた日。	↑友だちがツーしんで、お家に遊びに来てくれた日。

2 3つの"Ùṅ̇ï"テッテー紹介

こんな投稿があったら注意！

SNSの内容は楽しいことだけじゃない！
あなたがお世話をサボっちゃったりすると不満が…。
病気の時はつらくて写真が撮れないみたい…。

ハッピー度が低い

もっとあそびたい
#もやもや #なみだ

病気になってしまった…

あしたはいいひ？
#つらみ #もやもや

毎日チェックして
たまごっちと思い出を
シェアしよう♪

47

Unite ユナイト

友だちのたまごっちとのツーしんでできる5つのこと！ 『ツーしん』方法は30ページへ

友だちとツーしんで遊んだ証！

①ともだちリストをいっぱいにしよう

EMMA
ねりあっち
ようき
にっすう 1

8人まで登録できる！

ツーしんしたことのある友だちと、友だちがお世話しているたまごっちの情報が記録されるよ。

ツーしんならではのやり取りが見られる！

②一緒に遊ぼう

どちらかのお部屋で、2人で一緒に遊べるよ♪

ツーしん相手のリビングに集合！

食べ物もアクセサリーもなんでもシェア♡

③アイテム交換!

交換できるものは全部で7種類!

▶ ごはん

おやつ

おどうぐ

アクセサリー

▽

プレゼントするも良し、お互いに持っていないおどうぐやそざいを交換するのもいいね!

プレゼント交換で盛り上がろう!

▶ かぐ

ハンドメイドそざい

あげない

▽

交換しない時は「あげない」を選ぼう

レシピを教えたり、教わったり♪

おへやに来てくれた相手に、レシピを教えることもできるよ! 教えてほしい時は相手のへやに遊びに行こう! レシピは教えてあげても減らないよ。

レシピが書かれたメモで伝授!

友だちと一緒におそろアイテム作り♪

④ツーしんでハンドメイド

1人でするハンドメイドとはまた一味違う!? 2人で素材を持ち寄っておそろいのアクセサリーを作っちゃおう!

遊んだ記念になるね♪

ハンドメイドの回数でアイテムのランクがアップ!?

同じ相手とハンドメイドで遊ぶ回数に応じて、できあがるアクセサリーが特別なものになっていくよ! おそろアイテムの一部を紹介!

おそろいフレーム

おそろいバケハ

おそろいはなめがね

BFFトート

BFFバルーン

BFFカチュ

「BFF」ってベストフレンドフォーエバーの略なんだぴょん!

そうなんだっち!

50

⑤プロポーズでドキドキ♡

友だちのたまごっちが、あなたのたまごっちの運命の相手かも!? プロポーズするか、もしくはプロポーズをOKしてパートナーになろう!

ツーしんプロポーズ後にしか育たないたまごっち

しましまっち　　　やったっち

この2人を育てるためには、前の世代でツーしんプロポーズが成功していることが条件!

プロポーズが失敗すると…

たまごっちは一瞬落ち込んじゃうけど、大切なたまごっちとはまだお別れしたくない…それも大事な判断だよね!

ゆにまるっちにプロポーズ…!?

ゆにまるっち

ゆにまるっちは、どのフレンド期のたまごっちともパートナーになる事ができるよ。

Universal ユニバーサル

世界中のユーザーが育てた〝Uni Tama〟達と出会おう!

たまごっちの世界のメタバース空間

〝Tamaverse〟で できることを紹介!

たまバースではお買い物もイベントも
パーティーだってできちゃう!
Wi-Fiにつないでいれば、
実際に世界中のみんなが育てている
個性豊かな〝Uni Tama〟達が
遊びに来てくれるよ!

Uni Tamaとは

あなたが育てた個性豊かな
たまごっちたちの事だよ!
アクセサリーを身につけておしゃれをしてみたり♪
ユニークでかわいいUni Tamaを育ててね!

「たまバース」への
行き方は24ページへ

「たまバース」への行き方は24ページへ

ワクワクいっぱいの
たまバースへ!

エントランス

たまごっちユニの楽しみは全てここから！ 世界中のお友だちと出会って、たまごっちの世界を広げちゃお♪

いろいろな国のUni Tamaたちがあいさつしてくれるよ！

フランス語

英語

スペイン語

2 3つの"Uni"テッテー紹介

たまバースを楽しみ尽くそう！

友だちのたまごっちとパフォーマンス!?

みんなの注目の的に！

ツーしんしたたまごっちと出会ったらパフォーマンスが始まるよ！こっちポイントももらえるかも!?

©BANDAI

53

たまスクエア

「たまスクエア」の中には、
たまっちんぐパーティー、
たまトラベル、
たまファッションがあるよ!

たまっちんぐパーティー

世界中のたまごっちと出会えるよ!
運命の相手を見つけてプロポーズしよう!

パーティーの流れ

パーティー会場に入ろう!

どんな相手と出会えるかな…? たまっちんぐパーティーでしか会えないたまごっちもいるかも!?

まずはエントリー!!

ドキドキ、未来のパートナーとの出会いが待ってる♥ プロポーズ成功のためにも、デート楽しんじゃお!

気になる相手を選ぼう!

どんな相手が自分のたまごっちにマッチング…? 気になる相手とデートに出かけよう!

いよいよデートがはじまるんですね!

デートスタート♡

気になる相手とトキメキながらデート。お茶をしながらどんなお話をしてるのかな?

プロポーズに成功!

やったぁ、プロポーズ成功!ワクワクしちゃう♥次の転開は何が待ってるのかな…?

パートナーに♡

みんなに祝福されて送り出されるよ。次は、次世代のたまごっちとの出会いがある…!

いろいろなエリアのデートコース

相手の住むエリアによってデートする場所が違うよ!

 たまにっぽん

 たまアジア

たまアフリカ

たまオセアニア

たまヨーロッパ

たまラテンアメリカ

たまちゅうとう

たまきたアメリカ

うちゅう

うみのなか

**たまっちんぐ
パーティーで
パートナーになると…**

次の世代の
たまごっち宛てに2人から
プレゼントが届く!?

たまトラベル

行きたい世界のツアーに参加して、旅行にでかけよう!
旅行先のおみやげも手に入るかも!?

ツアーへの参加方法

たまトラベルに入ろう!

いよいよお出かけの準備!今回は世界中のどこに出かけられるかな…。ドキドキ。

行きたいツアーを決めたら…

行きたいツアーを選んで、ますます旅行のモチベは高まるばかり…。

飛行機に乗る!

飛行機に乗り込んだよ。緊張が高まる〜。世界中のたまごっちが集まったみたい!

観光を満喫♪

旅行を楽しもう!旅行先のお土産もゲットできちゃう!

すてきな思い出を作ろう!

いろいろな国に行きた〜い!

ツアープラン

オーロラを見たりラクダっちに乗ったり…。
そのエリアでしか体験できないことがいっぱい！

いろいろあって
迷っちゃうだっち！

ジャングル

ゾウっちと
ふれあおう！

さばくのいせき

ラクダっちに
乗れちゃう！

みずのみやこ

ボートで絶景を
見よう！

トロピカルアイランド

クジラっちの
泳ぎを目の前で！

オーロラビレッジ

美しい
オーロラを
堪能！

旅行で撮った写真が見られる!?

たまSNS

さいこうのけしき
#りょこうにいったよ

旅行に行った日の「たまSNS」に、
旅行先で撮影した写真をアップしてくれるかも！

今後のアップデートで
選べるツアーが増えるかも!?
お楽しみに！

いろんなツアーを
楽しんでね〜!!

2
3つの"Uni"
テッテー紹介

57

世界のファッションアイテムをお買い物！
あなたのたまごっちのコーデも登録できるよ。

ショッピングの仕方

こんなにかわいい
コーデが買えちゃう!?

さあ！世界のファッションコーデを見て回ろう!! ここでしか買えないアイテムに目がくぎづけになるハズ。

世界中のみんなが考えたコーデをチェック！買ったアクセは「もちもの」から身に付けられる。

コーデを登録するには…

5番目のトルソーに登録！

あなたのたまごっちが
身に付けているコーデが
トルソーに
登録できる！

自分のコーデをトルソーに登録してみんなに自慢しよう。登録したコーデを誰かが買ってくれるかも？

見たり！買ったり！
世界中のファッションを
楽しもう！

©BANDAI

58

たまアリーナ

世界中のたまごっちとチームを組んで
対決する、期間限定のゲームイベントが
開催される予定だよ!

???

今後のアップデートでオープンになる
特別なエリア!

オープンが
楽しみだぴょん♪

たまバースがもっと楽しくなる!
もうすぐOPEN! 2つのエリア

なにが始まるだっち?

ただいま絶賛準備中の「たまアリーナ」と「???(お楽しみに)」。
Wi-Fiを準備してOPENに備えよう!
たまごっちユニの遊びはどんどん広がる!

楽しみです!

たまごっちほんわか劇場 ②

キミの名前は？

スマ──イル☆

わぁっ♪キミは!?

ビットントン・グスボールマイマイマイルッチ16世だぜ〜〜〜!!!

え…?びっと…と…?

ビットントン!!
グスボール!!
マイマイマイルッチ16世!!

ビットントン!!
グスボール!!
マイマイマイルッチ16世!!
いえました。

でもまー、たいていは「ビッグスマイル」って呼ばれてるゼ☆

先に言ってくださいよ──!!!

BIG SMILE

ホームパーティー

あなたたちが新しいお友だち？

くちぱっち　めめっち

いいですね〜やりましょう!!

よろしくだぜ！

だよ

まめっち!!かんげい会するだっち!!

こういう時はたまデリバリーだっち〜〜〜!!!

おいしいごはん

すぐにおとどけ！

注文おねがいします!!

ポチ　ポチ

ど──ん

ビックパーティーだぜ〜〜☆

おとどけにあがりました〜!!

たのみすぎですぅ〜!!

60

3章
しょう

\ 全ての子に会いたい /
すべ　　こ　　あ

ALL
オール
たまごっち
図鑑
ず　かん

たまごっちユニで育てられる、全たまごっちを紹介！
そだ　　　　　　ぜん　　　　　　　　しょうかい
あなたはどのたまごっちに出会えるかな？
で　あ

たまごっち成長図鑑

お世話ミスとは、たまごっちからの呼び出しから15分経っても対応しなかったらカウントされるよ。ベビー期にはカウントされない。

ツーしん結婚後でハンドメイドを1回以上している → しましまっち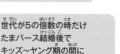

世代が5の倍数の時だけたまバース結婚後でキッズ～ヤング期の間にたまトラベル参加回数3回以上 → ハイパーっち

くりりっち

ハッピー度が15～20。またはキッズ期にハンドメイドを10回以上

お世話ミス0回。またはお世話ミス1～3回でたまウォーク回数3回以上 → まめっち

お世話ミス1～3回 → ぴゅえるっち

お世話ミス4回以上 → しまぐるっち

うぇるこっち

ハッピー度が10～20

ゆーゆっち

ハッピー度が0～9

みつまるっち

ぐんちっち

ハッピー度が6～14。またはキッズ期におやつを40回以上食べた

お世話ミス0～1回。またはお世話ミス2～5回でたまデリバリー回数10以上 → くちぱっち

お世話ミス2～5回 → シャイクっち

お世話ミス6回以上 → ビッグスマイル

カールっち

ハッピー度が0～5。またはゲームセンターのミニゲーム大成功回数15回以上

お世話ミス0～1回。またはお世話ミス2～5回でゲームセンターのミニゲーム大成功回数20回以上 → きぃらっち / ゆにまるっち

お世話ミス2～5回

お世話ミス6回以上 → ござるっち

誕生した時からどんどん成長をしていくたまごっち。
あなたが会いたいたまごっちの育て方をナビゲート!

- **ベビー期** 約1時間でキッズ期に成長
- **キッズ期** おでかけや、ツーしんが可能に
- **ヤング期** 約24時間でフレンド期に成長
- **フレンド期** プロポーズもできるように!

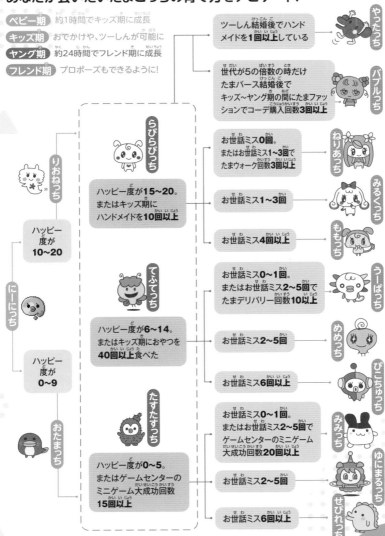

ツーしん結婚後でハンドメイドを1回以上している
→ やったっち

世代が5の倍数の時だけたまバース結婚後でキッズ〜ヤング期の間にたまファッションでコーデ購入回数3回以上
→ バブルっち

らびらびっち

ハッピー度が**15〜20**。またはキッズ期にハンドメイドを**10回以上**

お世話ミス0回。またはお世話ミス1〜3回でたまウォーク回数3回以上
→ ねりあっち

お世話ミス1〜3回
→ みるくっち

お世話ミス4回以上
→ ももっち

りおねっち

ハッピー度が**10〜20**

にーにっち

ハッピー度が**0〜9**

おたまっち

てふてっち

ハッピー度が**6〜14**。またはキッズ期におやつを**40回以上**食べた

お世話ミス0〜1回。またはお世話ミス2〜5回でたまデリバリー回数10以上
→ うーぱっち

お世話ミス2〜5回
→ めめっち

お世話ミス6回以上
→ ぴこちゅっち

たすたすっち

ハッピー度が**0〜5**。またはゲームセンターのミニゲーム大成功回数**15回以上**

お世話ミス0〜1回。またはお世話ミス2〜5回でゲームセンターのミニゲーム大成功回数20回以上
→ みみっち

お世話ミス2〜5回
→ ゆにまるっち

お世話ミス6回以上
→ せびれっち

まめっち

勉強もスポーツも大好きで、何事にも一生懸命なたまごっち。趣味は発明だけど、ときどき失敗することも…。絵はあまり得意じゃないみたい!?

おなかメーターが減るまでの時間	ハッピー度が減るまでの時間	就寝時間
90分	20分	22:00

好きなたべもの
- すし
- きのこリゾット
- どびんむし

病気の発生条件
お世話ミスをした時に30%の確率で発生

好きなおやつ
- まっちゃ
- みずようかん
- マロングラッセ
- アサイーボール

好きなアクセサリー
- クラウン
- エッグぼうし
- わがさ
- しんぶんしかぶと

性格によって表情が変わるよ

おとなしいタイプ	かっぱつタイプ	シャイタイプ	ふしぎタイプ	あまえんぼうタイプ

ぴゅえるっち

いつも瞳がうるうるしているピュアなたまごっち。何かに失敗しても涙を浮かべながらがんばるかわいい姿が、まるで「てんしっち」のように尊いと言われている。

おなかメーターが減るまでの時間	ハッピー度が減るまでの時間	就寝時間
60分	30分	22:00

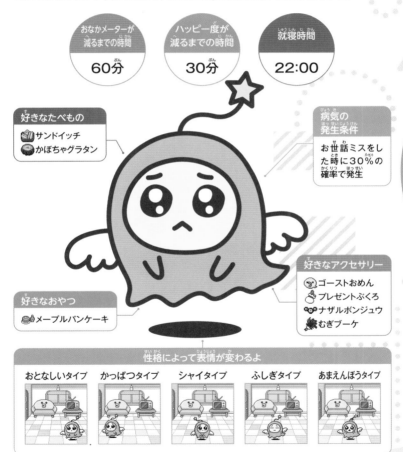

好きなたべもの
- 🥪 サンドイッチ
- 🍮 かぼちゃグラタン

病気の発生条件
お世話ミスをした時に30％の確率で発生

好きなおやつ
- 🥞 メープルパンケーキ

好きなアクセサリー
- 🎭 ゴーストおめん
- 🎁 プレゼントぶくろ
- 👓 ナザルボンジュウ
- 🌾 むぎブーケ

性格によって表情が変わるよ

おとなしいタイプ	かっぱつタイプ	シャイタイプ	ふしぎタイプ	あまえんぼうタイプ

・フレンド期・

ハイパーっち

のんきそうに見えてテンション高めな性格。時々巻き起こるたまごっち星の変化やトレンドを敏感にキャッチして、最新情報を楽しそうに説明してくれる♪

おなかメーターが減るまでの時間	ハッピー度が減るまでの時間	就寝時間
90分	20分	22:00

好きなたべもの
- ローストビーフ
- ハンバーガー
- トムヤムクン
- ビリヤニ
- ケバブ

好きなおやつ
- ココア
- ポップコーン
- チェリーパイ
- ドンドゥルマ

病気の発生条件
お世話ミスをした時に30％の確率で発生

好きなアクセサリー
- ヘッドセット
- デビルのはね
- アメフトボール
- サンバのはね
- パンダさんぼうし
- ジュエルカチュ

性格によって表情が変わるよ

おとなしいタイプ	かっぱつタイプ	シャイタイプ	ふしぎタイプ	あまえんぼうタイプ
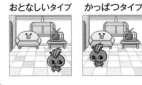				

・フレンド期・
くちぱっち

いつもやさしくのんびりしていて、温泉や自然が大好きなたまごっち。とっても食いしん坊で、自分で料理をすることも得意らしい。

おなかメーターが減るまでの時間	ハッピー度が減るまでの時間	就寝時間
30分	40分	22:00

病気の発生条件
お世話ミスをした時に30％の確率で発生

好きなたべもの
- てんしんセット
- チーズピザ

好きなアクセサリー
- サウナハット
- ゆげ
- アイマスク
- まくら
- ナイトキャップ
- どっきりアイスぼう
- うちゅうヘルメット
- きょうげきおめん
- まほうのランプ
- はっぱのおめん
- きのこカゴアクセ
- ニットゆきだるま

好きなおやつ
- まっちゃ
- ワッフル
- チョコレート
- アップルパイ
- スイートポテト
- まっちゃパフェ

性格によって表情が変わるよ

おとなしいタイプ	かっぱつタイプ	シャイタイプ	ふしぎタイプ	あまえんぼうタイプ

シャイクっち

趣味が筋トレのマッチョなたまごっち。ムキムキな体とギザギザの歯を見て、コワいたまごっちだと思われがちだけど、本人はとってもシャイで人見知り…。

おなかメーターが減るまでの時間	ハッピー度が減るまでの時間	就寝時間
40分	30分	22:00

好きなたべもの

- 🥕 やさいスティック
- 🍲 スープ
- 🥗 ミモザサラダ
- 🥬 やさいサラダ
- 🐟 マヒマヒソテー

病気の発生条件

お世話ミスをした時に30％の確率で発生

好きなアクセサリー

- 😷 マスク
- 🤿 シュノーケル
- 🧪 スキューバ・ボンベ
- 🛟 うきわ
- 🎺 バグパイプ
- 🐚 かいがらぼうし
- 🐚 かいがらイヤリング
- 🎒 かいがらリュック

好きなおやつ

- 🍦 アイス
- 🥧 なつのタルト
- 🍧 マンゴーかきごおり

性格によって表情が変わるよ

おとなしいタイプ	かっぱつタイプ	シャイタイプ	ふしぎタイプ	あまえんぼうタイプ

ビッグスマイル

陽気でハイテンション。いつでも笑顔なのでみんなから「ビッグスマイル」と呼ばれている。性格は大ざっぱだけど、一緒にいると安心感がある。本名は"ビットントン・グスポール・マイマイマイルッチ16世"。

おなかメーターが減るまでの時間	ハッピー度が減るまでの時間	就寝時間
50分	35分	22:00

好きなたべもの
- チーズピザ
- クスクス

病気の発生条件
お世話ミスをした時に30%の確率で発生

好きなおやつ
- トロピカルパフェ

好きなアクセサリー
- ギター
- アメフトヘルメット
- アメフトボール
- ソンブレロ
- バイキングぼうし
- ブブセラ
- ジュエルステッキ
- ビッグリボン
- ゆきのけっしょう

性格によって表情が変わるよ

おとなしいタイプ	かっぱつタイプ	シャイタイプ	ふしぎタイプ	あまえんぼうタイプ

ききっち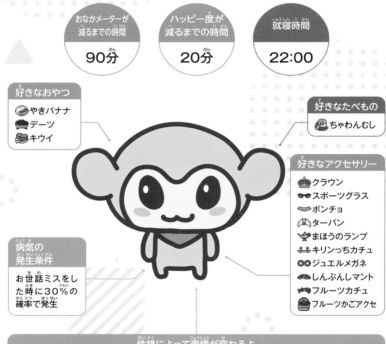

ちょっとやんちゃだけど、本当は感性豊かで心やさしいききっち。運動神経もバツグンで、スポーツを通して、たまともができることも多いみたい★

おなかメーターが減るまでの時間	ハッピー度が減るまでの時間	就寝時間
90分	20分	22:00

好きなおやつ
- 🍌 やきバナナ
- 🍖 デーツ
- 🥝 キウイ

好きなたべもの
- 🍮 ちゃわんむし

好きなアクセサリー
- 👑 クラウン
- 🕶 スポーツグラス
- 🧣 ポンチョ
- 🧢 ターバン
- 💡 まほうのランプ
- 🦒 キリンっちカチュ
- 👓 ジュエルメガネ
- 🦇 しんぶんしマント
- 🍓 フルーツカチュ
- 🧺 フルーツかごアクセ

病気の発生条件
お世話ミスをした時に30%の確率で発生

性格によって表情が変わるよ

おとなしいタイプ	かっぱつタイプ	シャイタイプ	ふしぎタイプ	あまえんぼうタイプ

しまぐるっち

しましま模様と、ぐるぐる模様が大好き！　しましま仲間やぐるぐる好きのたまごっちと、しましまやぐるぐるのステキなところについて語り合ってしまうらしい…。

おなかメーターが
減るまでの時間
60分

ハッピー度が
減るまでの時間
20分

就寝時間
22:00

好きなたべもの
- 🍳 ロコモコ
- 🍽 インジェラ

病気の発生条件
お世話ミスをした時に30％の確率で発生

好きなアクセサリー
- 🎸 ギター
- 🧢 エッグぼうし
- 🎅 サンタなつひげ
- 🐪 ラクダっちぬい
- 🍃 はっぱポンチョ
- 🍄 きのこめがね

好きなおやつ
- 🍪 クナーファ

性格によって表情が変わるよ

おとなしいタイプ	かっぱつタイプ	シャイタイプ	ふしぎタイプ	あまえんぼうタイプ

ござるっち

日本の忍者にあこがれて、日々修行をつんでいるたまごっち。まわりにはやさしく自分には厳しい性格だけど、意外とミーハーなところもある。

おなかメーターが減るまでの時間	ハッピー度が減るまでの時間	就寝時間
90分	20分	22:00

好きなたべもの
- 🍣 すし
- 🍲 ちゃんこなべ
- 🍲 すきやき

病気の発生条件
お世話ミスをした時に30%の確率で発生

好きなおやつ
- 🍮 みずようかん
- 🍡 ねりきり
- 🍮 アボカドプリン

好きなアクセサリー
- ｡ﾟ°｡ あせ
- 🪖 かぶと
- 🪭 せんす
- 🌂 わがさ
- しんぶんしマント
- 🍄 しょいきのこ

性格によって表情が変わるよ

おとなしいタイプ	かっぱつタイプ	シャイタイプ	ふしぎタイプ	あまえんぼうタイプ

しましまっち

「よろしくお願いしまします!」と言ってしまうくらい、しましま模様が大好き。いろんなしましまなものを集めている。でも、水玉模様はちょっとニガテらしい…。

おなかメーターが減るまでの時間	ハッピー度が減るまでの時間	就寝時間
50分	40分	22:00

好きなたべもの
🍲 クリームシチュー

病気の発生条件
お世話ミスをした時に30%の確率で発生

好きなおやつ
🍮 プリン
🍫 カヌレ

好きなアクセサリー
👓 アイマスク
🛟 うきわ
🎃 かぼちゃぼうし
🎩 ラスタぼうし
🦁 ライオンっちぼうし
🧸 きのこぐるみ

性格によって表情が変わるよ

おとなしいタイプ	かっぱつタイプ	シャイタイプ	ふしぎタイプ	あまえんぼうタイプ

ゆにまるっち

どんなグループにいても違和感のない、とけこみやすいゆにまるっち。強烈なインパクトがあるわけではないけれど、誰かに似ているわけでもなく、心にスッと入ってくる存在。

おなかメーターが減るまでの時間	ハッピー度が減るまでの時間	就寝時間
60分	20分	22:00

病気の発生条件

お世話ミスをした時に30％の確率で発生

好きなたべもの

- 🍜 フォー
- 🥣 クラムチャウダー
- 🍴 サボテンステーキ
- 🍕 マルゲリータ

好きなアクセサリー

- 🎀 ピンクのりぼん
- 🎀 ピンクのつのカチュ
- 🪄 クリスマスステッキ
- 🎸 ウクレレ
- 🎀 ラッピングリボン
- 🤖 ロボットヘッド
- ✈️ ジェットウィング

好きなおやつ

- 🍮 ふゆのタルト
- 🍚 ユーユェン

性格によって表情が変わるよ

おとなしいタイプ	かっぱつタイプ	シャイタイプ	ふしぎタイプ	あまえんぼうタイプ

・フレンド期・
みるくっち

赤ちゃんみたいに心がまっしろ。しゃべりは幼い感じで、動きもよちよち…。だからまわりのみんなはついつい守ってあげたくなってしまうらしいよ。

おなかメーターが減るまでの時間	ハッピー度が減るまでの時間	就寝時間
90分	20分	22:00

好きなたべもの
🍱 スペシャルディナー

好きなアクセサリー
- 🛏 まくら
- 🎀 ピンクのつのカチュ
- 🎅 あかいサンタぼう
- ✨ ミルキーウェイ
- 🧸 テディベア
- 🎀 わたリボン
- 👑 ゆきティアラ

好きなおやつ
🍓 いちごパフェ
🍮 ダッチベイビー

病気の発生条件
お世話ミスをした時に30%の確率で発生

性格によって表情が変わるよ

おとなしいタイプ	かっぱつタイプ	シャイタイプ	ふしぎタイプ	あまえんぼうタイプ

3 図鑑 ALL たまごっち

みみっち

性格がおだやかでマイペースなたまごっち。計算ドリルが大好きで、習字も得意。実は負けず嫌いで努力家な面もあるよ。

おなかメーターが 減るまでの時間	ハッピー度が 減るまでの時間	就寝時間
90分	20分	22:00

好きなたべもの
- やさいスティック
- ロールキャベツ
- てんぷら

病気の発生条件
お世話ミスをした時に30％の確率で発生

好きなアクセサリー
- マスク
- エッグバスケット
- かぼちゃバスケット
- ノンラー
- コアラっちぼうし
- ニットぼう

好きなおやつ
- カボチャババロア

性格によって表情が変わるよ

おとなしいタイプ	かっぱつタイプ	シャイタイプ	ふしぎタイプ	あまえんぼうタイプ

ぴこちゅっち

情報収集と情報発信をササっとこなす。おとなしくてなかなか性格が読めないけれど、妄想した楽しい未来が、実はみんなに影響をあたえているなんてことも…!?

おなかメーターが減るまでの時間	ハッピー度が減るまでの時間	就寝時間
90分	20分	22:00

好きなたべもの
- ラーメン
- かぼちゃグラタン
- トムヤムクン

病気の発生条件
お世話ミスをした時に30%の確率で発生

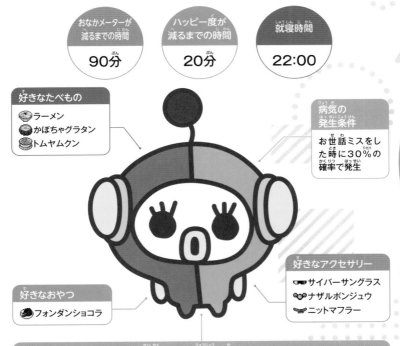

好きなおやつ
- フォンダンショコラ

好きなアクセサリー
- サイバーサングラス
- ナザルボンジュウ
- ニットマフラー

性格によって表情が変わるよ

おとなしいタイプ	かっぱつタイプ	シャイタイプ	ふしぎタイプ	あまえんぼうタイプ

77

めめっち

ぐるぐるヘアーとキラキラした大きな目がチャームポイント。とっても友だち思いで、いつも明るく元気なムードメーカー！　もちろん、ぐるぐるしたものが大好き。

おなかメーターが減るまでの時間	ハッピー度が減るまでの時間	就寝時間
90分	20分	22:00

好きなたべもの
- おでん
- インジェラ

好きなおやつ
- アサイーボウル

病気の発生条件
お世話ミスをした時に30%の確率で発生

好きなアクセサリー
- デビルのはね
- かぼちゃバスケット
- ロココぼうし
- オパールイヤリング
- ローズめがね
- むぎかんむり
- ゆきティアラ

性格によって表情が変わるよ

おとなしいタイプ	かっぱつタイプ	シャイタイプ	ふしぎタイプ	あまえんぼうタイプ

バブルっち

いろんなものへの興味がぷくぷくうまれてくる性格。本人は次々と新しいトレンドを楽しんでいるけど、まわりから見るといつもテンションが低く見えるから不思議…。

おなかメーターが減るまでの時間	ハッピー度が減るまでの時間	就寝時間
60分	30分	22:00

好きなおやつ
- ブッシュドノエル
- フォンダンショコラ

病気の発生条件
お世話ミスをした時に30%の確率で発生

好きなアクセサリー
- ヘッドセット
- スポーツグラス
- セルフィーぼう
- どっきりアイスぼう
- おひめさまかつら
- わたピアス
- バブルぼうし
- バブルアーチ
- バブルバルーン

好きなたべもの
- サムゲタン
- そうめん
- ステーキ

性格によって表情が変わるよ

おとなしいタイプ	かっぱつタイプ	シャイタイプ	ふしぎタイプ	あまえんぼうタイプ

うーぱっち

誰とでも仲良くなれる才能を持っているたまごっち。とりわけ積極的なわけでもなく、驚くほどあっけらかんとしていて、いつのまにか、たまともになれちゃうらしい…♪

おなかメーターが減るまでの時間	ハッピー度が減るまでの時間	就寝時間
50分	30分	22:00

好きなたべもの
- ローストビーフ
- カプレーゼ

病気の発生条件
お世話ミスをした時に30%の確率で発生

好きなアクセサリー
- あせ
- エッグバスケット
- ラスタぼうし
- ゾウっちぬい
- はっぱかんむり

好きなおやつ
- わたがし
- アボカドプリン
- キワノゼリー

性格によって表情が変わるよ

おとなしいタイプ	かっぱつタイプ	シャイタイプ	ふしぎタイプ	あまえんぼうタイプ

ねりあっち

花や植物はもちろん、石や鉱物などにも興味を持つ自然を愛するねりあっち。趣味が幅広くとっても行動的で、お手入れを欠かさない美しいロングヘアーがチャームポイント。

おなかメーターが減るまでの時間	ハッピー度が減るまでの時間	就寝時間
90分	20分	22:00

好きなたべもの
- スープ
- ミモザサラダ
- ラーメン
- やさいサラダ
- チーズフォンデュ
- ガレット

好きなアクセサリー
- おはなイヤリング
- おはなアーチ
- せんす
- いちりんのローズ
- チューリップぼうし
- チューリップほっぺ
- チューリップブーケ

病気の発生条件
お世話ミスをした時に30%の確率で発生

好きなおやつ
- はるのタルト
- バラゼリー
- メロンソフト
- マカロン

性格によって表情が変わるよ

おとなしいタイプ	かっぱつタイプ	シャイタイプ	ふしぎタイプ	あまえんぼうタイプ
		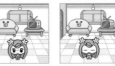		

せびれっち

立派なせびれがチャームポイントのたまごっち。そのため、はるか昔に存在していた
"たまザウルス"の子孫では?…とウワサされることも!

おなかメーターが 減るまでの時間	ハッピー度が 減るまでの時間	就寝時間
90分	20分	22:00

好きなたべもの
- ソーセージ

病気の発生条件
お世話ミスをした時に30%の確率で発生

好きなアクセサリー
- ゆげ
- スポーツグラス
- パステルサングラス
- おともゴースト
- ファイヤートーチ
- おうさまマスク
- はっぱのつばさ
- ゆきのステッキ

好きなおやつ
- あきのタルト
- カップケーキ

性格によって表情が変わるよ

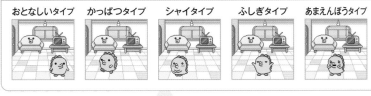

おとなしいタイプ	かっぱつタイプ	シャイタイプ	ふしぎタイプ	あまえんぼうタイプ

ももっち

キュートで甘えんぼうな性格! 本人は意識していないのに、まわりがメロメロになってしまう小悪魔的な存在!? かわいいお花を育てるのが趣味で、好きな色はもも色。

おなかメーターが減るまでの時間	ハッピー度が減るまでの時間	就寝時間
50分	40分	22:00

好きなたべもの
🥪 サンドイッチ
🍱 おせち

病気の発生条件
お世話ミスをした時に30%の確率で発生

好きなおやつ
🧇 ワッフル
🍮 あんにんどうふ

好きなアクセサリー
🎀 ピンクのリボン
🎩 コアラっちぼうし
🧺 フルーツかごアクセ
👑 ローズかんむり
👑 ゆきティアラ

性格によって表情が変わるよ

おとなしいタイプ	かっぱつタイプ	シャイタイプ	ふしぎタイプ	あまえんぼうタイプ

やったっち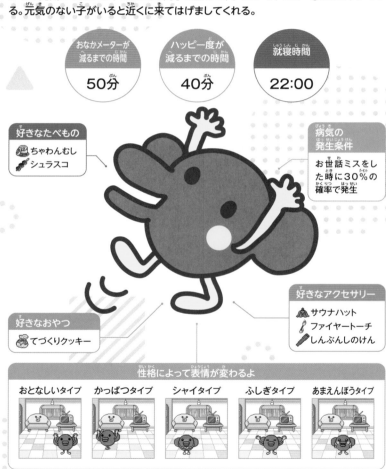

いつも元気いっぱいなやったっち。両手を上げて「やったー!やったー!」とはしゃいでいる。元気のない子がいると近くに来てはげましてくれる。

おなかメーターが減るまでの時間	ハッピー度が減るまでの時間	就寝時間
50分	40分	22:00

好きなたべもの
- ちゃわんむし
- シュラスコ

病気の発生条件
お世話ミスをした時に30%の確率で発生

好きなおやつ
- てづくりクッキー

好きなアクセサリー
- サウナハット
- ファイヤートーチ
- しんぶんしのけん

性格によって表情が変わるよ

おとなしいタイプ	かっぱつタイプ	シャイタイプ	ふしぎタイプ	あまえんぼうタイプ

・ベビー期・
ゆーゆっち

おなかメーターが
減るまでの時間
3分

ハッピー度が
減るまでの時間
5分

病気の発生条件
誕生から10分後

就寝時間
誕生から30分後
5分間就寝

自由に遊び回る赤ちゃんたまごっち。これから未来に向かってどんな個性をみにつけていくのか、まわりのみんながあたたかく見守ってくれている。

・ベビー期・
にーにっち

おなかメーターが
減るまでの時間
3分

ハッピー度が
減るまでの時間
5分

病気の発生条件
誕生から10分後

就寝時間
誕生から30分後
5分間就寝

すでに人気者の赤ちゃんたまごっち。これからどんなかわいい行動やおしゃべりをしてくれるのか、まわりのみんながやさしく見守ってくれている。

・キッズ期・
うぇるこっち

おなかメーターが
減るまでの時間
45分

ハッピー度が
減るまでの時間
20分

病気の発生条件
お世話ミスをした時40%
の確率で発生

就寝時間
20:00

おとなしくて好奇心いっぱい。まんまるの目でよく観察しているので、ほめてくれたりピュアな意見にちょっぴり反省したり…すがすがしい気分にさせてくれる！

・キッズ期・
みつまるっち

おなかメーターが
減るまでの時間
45分

ハッピー度が
減るまでの時間
20分

病気の発生条件
お世話ミスをした時40%
の確率で発生

就寝時間
20:00

のんびり穏やかで、まあるい性格のたまごっち。ムリ・ムチャ・ムダなことはしようと思わない。きれいなバランスで並んだおなかの三つのまるが自慢♪

りおねっち

おなかメーターが
減るまでの時間

45分

ハッピー度が
減るまでの時間

20分

病気の発生条件

お世話ミスをした時40%
の確率で発生

就寝時間

20:00

透き通るような白さとかわいい動きが、まるで妖精のよう。おしゃべりもゆったりマイペースで、まるで夢の中で会話をしている気分になってしまうらしい…。

おたまっち

おなかメーターが
減るまでの時間

45分

ハッピー度が
減るまでの時間

20分

病気の発生条件

お世話ミスをした時40%
の確率で発生

就寝時間

20:00

まだ小さいのにとっても落ち着いているたまごっち。いつもはおっとりしているけれど、リズムにのった軽快なおしゃべりが止まらなくなることもあるらしい…♪

くりりっち

おなかメーターが
減るまでの時間

60分

ハッピー度が
減るまでの時間

30分

病気の発生条件

お世話ミスをした時35%
の確率で発生

就寝時間

21:00

くりくりっとした大きな目と、くりんっとカールしたまゆげが特徴。とってもまじめできれい好きなので、一日中おそうじをしてても飽きないくらいらしい。

ぐんちっち

おなかメーターが
減るまでの時間

60分

ハッピー度が
減るまでの時間

30分

病気の発生条件

お世話ミスをした時35%
の確率で発生

就寝時間

21:00

くるんとした耳が特徴。たいようっちの朝や夕方のやさしい光に当たるのが好き。耳がコンパクトなので、暑い時はせまくてひんやりした所に入り込むのも好き。

・ヤング期・
カールっち

おなかメーターが
減るまでの時間
60分

ハッピー度が
減るまでの時間
30分

病気の発生条件
お世話ミスをした時35%
の確率で発生

就寝時間
21:00

自分の意見をしっかり持っているたまごっち。オシャレやファッション、世の中のトレンドにも敏感だけど、自分に似合うヘアースタイルは変えようとしない。

・ヤング期・
らびらびっち

おなかメーターが
減るまでの時間
60分

ハッピー度が
減るまでの時間
30分

病気の発生条件
お世話ミスをした時35%
の確率で発生

就寝時間
21:00

いつのまにか妹のような存在になりがち。相手が年上でも年下でも、なかよしになると「このたまごっちのかわいい妹になりたい!」と思ってしまうらしい…。

・ヤング期・
てふてっち

おなかメーターが
減るまでの時間
60分

ハッピー度が
減るまでの時間
30分

病気の発生条件
お世話ミスをした時35%
の確率で発生

就寝時間
21:00

いつも明るくポジティブな性格のたまごっち。大好きなお花やかわいいものに囲まれていたくて、お気に入りをもとめてふわふわ飛び回っている。

・ヤング期・
たすたすっち

おなかメーターが
減るまでの時間
60分

ハッピー度が
減るまでの時間
30分

病気の発生条件
お世話ミスをした時35%
の確率で発生

就寝時間
21:00

とってもプラス思考な性格のたまごっち。おなかがペコペコでも、暑くても寒くてもへっちゃら♪…に見えるほど、たくましく暮らしている。

たまごっちほんわか劇場③

ぐるぐる

あたし ぐるぐるしたものが だーい好きなの!!

そう なんだく

そういえば かみも ぐるぐるだね

あなたのぐるぐる あたしとっても キョーミあるわ

え？まるに ぐるぐるっぽい トコある？

ぐるぐる たーのしー!!!

まるも こんど やろーっと!!

ちゃんと かえしてあげて くださいね〜

最新テクノロジー

みんなでおでかけ しようと思ってた んですが…

いいもの あるぜく!!

これを使えば… 「たまバース」に おでかけ できるぜー!!

「たまバース」!？

「たまバース」!？ どんな場所 だっち!？

行ってみれば わかるゼ ——!!!

スマイル レッツゴー!!

ここが たまバース だぜー☆

ぼくたち は——!？

ビッグ だぜー!!!

ひとりで 行っちゃった だっち——!!!

4章
しょう

\チェックしよう/

パーフェクト
アイテム
リスト

**たまごっちは個性豊か！ 好きなごはんやおやつを
いっぱいあげて仲良くなってね☆**

ごはんリスト

ミルク(ベビー期専用)
値段	入手方法
0	デフォルト
おなかUP	好みの性格
1	なし

コーンフレーク(キッズ期以降)
値段	入手方法
0	デフォルト
おなかUP	好みの性格
1	なし

フォー
値段	入手方法
140	たまデリバリー
おなかUP	好みの性格
1	ふしぎタイプ

ローストビーフ
値段	入手方法
220	たまデリバリー
おなかUP	好みの性格
2	かっぱつタイプ

やさいスティック
値段	入手方法
130	たまデリバリー
おなかUP	好みの性格
1	あまえんぼうタイプ

スープ
値段	入手方法
80	たまデリバリー
おなかUP	好みの性格
1	おとなしいタイプ

ちゃわんむし
値段	入手方法
100	たまデリバリー
おなかUP	好みの性格
1	おとなしいタイプ

すし
値段	入手方法
250	たまデリバリー
おなかUP	好みの性格
2	おとなしいタイプ

ちゃんこなべ
値段	入手方法
220	たまデリバリー
おなかUP	好みの性格
2	ふしぎタイプ

てんしんセット
値段	入手方法
180	たまデリバリー
おなかUP	好みの性格
1	ふしぎタイプ

ロコモコ
値段	入手方法
120	たまデリバリー
おなかUP	好みの性格
1	ふしぎタイプ

ハンバーガー
値段	入手方法
120	たまデリバリー
おなかUP	好みの性格
1	かっぱつタイプ

サンドイッチ
値段	入手方法
140	たまデリバリー
おなかUP	好みの性格
1	シャイタイプ

ロブスターロール
値段	入手方法
170	たまデリバリー
おなかUP	好みの性格
1	かっぱつタイプ

ミモザサラダ
値段	入手方法
80	たまデリバリー春
おなかUP	好みの性格
1	おとなしいタイプ

ロールキャベツ
値段	入手方法
−	??
おなかUP	好みの性格
1	シャイタイプ

てんぷら
値段	入手方法
130	たまデリバリー春
おなかUP	好みの性格
1	おとなしいタイプ

ラーメン
値段	入手方法
40	たまデリバリー春
おなかUP	好みの性格
1	ふしぎタイプ

やさいサラダ
値段	入手方法
−	??
おなかUP	好みの性格
1	あまえんぼうタイプ

カプレーゼ
値段	入手方法
−	??
おなかUP	好みの性格
1	シャイタイプ

サムゲタン
値段	入手方法
190	たまデリバリー夏
おなかUP	好みの性格
1	シャイタイプ

そうめん
値段	入手方法
200	たまデリバリー夏
おなかUP	好みの性格
2	おとなしいタイプ

かぼちゃグラタン
値段	入手方法
−	??
おなかUP	好みの性格
2	シャイタイプ

きのこリゾット
値段	入手方法
230	たまデリバリー秋
おなかUP	好みの性格
2	ふしぎタイプ

たまごっちの性格に合わせて、好みのごはんをあげてね！

ソーセージ
値段	入手方法
120	たまデリバリー秋
おなかUP	好みの性格
1	かっぱつタイプ

チーズフォンデュ
値段	入手方法
260	たまデリバリー秋
おなかUP	好みの性格
2	あまえんぼうタイプ

おでん
値段	入手方法
160	たまデリバリー冬
おなかUP	好みの性格
1	ふしぎタイプ

クリームシチュー
値段	入手方法
120	たまデリバリー冬
おなかUP	好みの性格
1	ふしぎタイプ

おせち
値段	入手方法
－	??
おなかUP	好みの性格
2	おとなしいタイプ

スペシャルディナー
値段	入手方法
－	??
おなかUP	好みの性格
2	あまえんぼうタイプ

どびんむし
値段	入手方法
300	たま日本限定
おなかUP	好みの性格
2	おとなしいタイプ

すきやき
値段	入手方法
300	たま日本限定
おなかUP	好みの性格
2	おとなしいタイプ

クラムチャウダー
値段	入手方法
120	たま北アメリカ限定
おなかUP	好みの性格
1	あまえんぼうタイプ

チーズピザ
値段	入手方法
290	たま北アメリカ限定
おなかUP	好みの性格
2	かっぱつタイプ

サボテンステーキ
値段	入手方法
300	たまラテンアメリカ限定
おなかUP	好みの性格
2	シャイタイプ

シュラスコ
値段	入手方法
290	たまラテンアメリカ限定
おなかUP	好みの性格
2	かっぱつタイプ

ガレット
値段	入手方法
190	たまヨーロッパ限定
おなかUP	好みの性格
1	おとなしいタイプ

マルゲリータ
値段	入手方法
220	たまヨーロッパ限定
おなかUP	好みの性格
2	あまえんぼうタイプ

トムヤムクン
値段	入手方法
280	たまアジア限定
おなかUP	好みの性格
2	シャイタイプ

ビリヤニ
値段	入手方法
260	たまアジア限定
おなかUP	好みの性格
2	あまえんぼうタイプ

ファラフェル
値段	入手方法
160	たま中東限定
おなかUP	好みの性格
1	ふしぎタイプ

ケバブ
値段	入手方法
190	たま中東限定
おなかUP	好みの性格
1	かっぱつタイプ

ステーキ
値段	入手方法
250	たまオセアニア限定
おなかUP	好みの性格
2	かっぱつタイプ

マヒマヒソテー
値段	入手方法
220	たまオセアニア限定
おなかUP	好みの性格
2	おとなしいタイプ

クスクス
値段	入手方法
260	たまアフリカ限定
おなかUP	好みの性格
2	シャイタイプ

インジェラ
値段	入手方法
220	たまアフリカ限定
おなかUP	好みの性格
2	ふしぎタイプ

おやつリスト

ビスケット（ベビー期専用）
値段	入手方法
0	デフォルト
ハッピーUP度	好みの性格
3	なし

グミ
値段	入手方法
0	デフォルト
ハッピーUP度	好みの性格
1	なし

やきバナナ
値段	入手方法
70	たまデリバリー
ハッピーUP度	好みの性格
3	かっぱつタイプ

まっちゃ
値段	入手方法
200	たまデリバリー
ハッピーUP度	好みの性格
3	シャイタイプ

ワッフル
値段	入手方法
250	たまデリバリー
ハッピーUP度	好みの性格
4	あまえんぼうタイプ

チョコレート
値段	入手方法
100	たまデリバリー
ハッピーUP度	好みの性格
3	かっぱつタイプ

アップルパイ
値段	入手方法
220	たまデリバリー
ハッピーUP度	好みの性格
3	あまえんぼうタイプ

ココア
値段	入手方法
90	たまデリバリー
ハッピーUP度	好みの性格
3	おとなしいタイプ

ドーナツ
値段	入手方法
80	たまデリバリー
ハッピーUP度	好みの性格
3	シャイタイプ

プリン
値段	入手方法
110	たまデリバリー
ハッピーUP度	好みの性格
3	おとなしいタイプ

アイス
値段	入手方法
100	たまデリバリー
ハッピーUP度	好みの性格
3	かっぱつタイプ

カヌレ
値段	入手方法
200	たまデリバリー
ハッピーUP度	好みの性格
3	ふしぎタイプ

わたがし
値段	入手方法
60	たまデリバリー
ハッピーUP度	好みの性格
3	あまえんぼうタイプ

ポップコーン
値段	入手方法
110	たまデリバリー
ハッピーUP度	好みの性格
3	かっぱつタイプ

はるのタルト
値段	入手方法
－	??
ハッピーUP度	好みの性格
3	おとなしいタイプ

パラゼリー
値段	入手方法
－	??
ハッピーUP度	好みの性格
4	あまえんぼうタイプ

メロンソフト
値段	入手方法
190	たまデリバリー春
ハッピーUP度	好みの性格
3	シャイタイプ

いちごパフェ
値段	入手方法
150	たまデリバリー春
ハッピーUP度	好みの性格
3	あまえんぼうタイプ

なつのタルト
値段	入手方法
－	??
ハッピーUP度	好みの性格
3	おとなしいタイプ

みずようかん
値段	入手方法
90	たまデリバリー夏
ハッピーUP度	好みの性格
3	ふしぎタイプ

チェリーパイ
値段	入手方法
220	たまデリバリー夏
ハッピーUP度	好みの性格
3	かっぱつタイプ

マンゴーかきごおり
値段	入手方法
190	たまデリバリー夏
ハッピーUP度	好みの性格
3	かっぱつタイプ

あきのタルト
値段	入手方法
－	??
ハッピーUP度	好みの性格
3	おとなしいタイプ

スイートポテト
値段	入手方法
60	たまデリバリー秋
ハッピーUP度	好みの性格
3	ふしぎタイプ

おやつをあげて、ハッピー度をUPさせよう。

カボチャババロア

値段	入手方法
160	たまデリバリー秋
ハッピーUP度	好みの性格
3	シャイタイプ

マロングラッセ

値段	入手方法
120	たまデリバリー秋
ハッピーUP度	好みの性格
3	かっぱつタイプ

ふゆのタルト

値段	入手方法
–	??
ハッピーUP度	好みの性格
3	おとなしいタイプ

てづくりクッキー

値段	入手方法
–	??
ハッピーUP度	好みの性格
3	あまえんぼうタイプ

ブッシュドノエル

値段	入手方法
240	たまデリバリー冬
ハッピーUP度	好みの性格
3	あまえんぼうタイプ

フォンダンショコラ

値段	入手方法
250	たまデリバリー冬
ハッピーUP度	好みの性格
4	おとなしいタイプ

ねりきり

値段	入手方法
260	たま日本限定
ハッピーUP度	好みの性格
4	おとなしいタイプ

まっちゃパフェ

値段	入手方法
160	たま日本限定
ハッピーUP度	好みの性格
3	おとなしいタイプ

メープルパンケーキ

値段	入手方法
250	たま北アメリカ限定
ハッピーUP度	好みの性格
4	あまえんぼうタイプ

カップケーキ

値段	入手方法
140	たま北アメリカ限定
ハッピーUP度	好みの性格
3	かっぱつタイプ

アサイーボウル

値段	入手方法
120	たまラテンアメリカ限定
ハッピーUP度	好みの性格
3	おとなしいタイプ

アボカドプリン

値段	入手方法
140	たまラテンアメリカ限定
ハッピーUP度	好みの性格
3	かっぱつタイプ

ダッチベイビー

値段	入手方法
220	たまヨーロッパ限定
ハッピーUP度	好みの性格
3	あまえんぼうタイプ

マカロン

値段	入手方法
150	たまヨーロッパ限定
ハッピーUP度	好みの性格
3	あまえんぼうタイプ

あんにんどうふ

値段	入手方法
100	たまアジア限定
ハッピーUP度	好みの性格
3	シャイタイプ

ユーユェン

値段	入手方法
130	たまアジア限定
ハッピーUP度	好みの性格
3	ふしぎタイプ

デーツ

値段	入手方法
170	たま中東限定
ハッピーUP度	好みの性格
3	おとなしいタイプ

ドンドゥルマ

値段	入手方法
100	たま中東限定
ハッピーUP度	好みの性格
3	シャイタイプ

トロピカルパフェ

値段	入手方法
200	たまオセアニア限定
ハッピーUP度	好みの性格
3	かっぱつタイプ

キウイ

値段	入手方法
80	たまオセアニア限定
ハッピーUP度	好みの性格
3	かっぱつタイプ

キワノゼリー

値段	入手方法
200	たまアフリカ限定
ハッピーUP度	好みの性格
3	かっぱつタイプ

クナーファ

値段	入手方法
250	たまアフリカ限定
ハッピーUP度	好みの性格
4	シャイタイプ

ガラガラ（ベビー期専用）

購入金額	入手方法
0	デフォルト
ハッピーUP度	嫌いな性格
1	なし

つみき

購入金額	入手方法
0	デフォルト
ハッピーUP度	嫌いな性格
1	なし

ぬりえセット

購入金額	入手方法
400	たまモール
ハッピーUP度	嫌いな性格
1	かっぱつタイプ

サウナストーブ

購入金額	入手方法
1370	たまモール
ハッピーUP度	嫌いな性格
2	あまえんぼうタイプ

マイク

購入金額	入手方法
1100	たまモール
ハッピーUP度	嫌いな性格
1	シャイタイプ

ぬいぐるみ

購入金額	入手方法
600	たまモール
ハッピーUP度	嫌いな性格
2	かっぱつタイプ

ジャンプだい

購入金額	入手方法
1300	たまモール
ハッピーUP度	嫌いな性格
2	おとなしいタイプ

じっけんどうぐ

購入金額	入手方法
800	たまモール
ハッピーUP度	嫌いな性格
1	あまえんぼうタイプ

もくば

購入金額	入手方法
1000	たまモール
ハッピーUP度	嫌いな性格
1	シャイタイプ

タオルケット

購入金額	入手方法
800	たまモール
ハッピーUP度	嫌いな性格
1	かっぱつタイプ

プラネタリウム

購入金額	入手方法
2200	たまモール冬
ハッピーUP度	嫌いな性格
1	かっぱつタイプ

ぴがんき

購入金額	入手方法
1980	たまモール
ハッピーUP度	嫌いな性格
1	ふしぎタイプ

ホームベーカリー

購入金額	入手方法
1900	たまモール
ハッピーUP度	嫌いな性格
2	あまえんぼうタイプ

サッカーボール

購入金額	入手方法
400	たまモール
ハッピーUP度	嫌いな性格
1	シャイタイプ

かせき

購入金額	入手方法
800	たまモール
ハッピーUP度	嫌いな性格
1	かっぱつタイプ

イースターエッグ

購入金額	入手方法
1200	たまモール春
ハッピーUP度	嫌いな性格
1	あまえんぼうタイプ

おはなのたね

購入金額	入手方法
870	たまモール春
ハッピーUP度	嫌いな性格
3	かっぱつタイプ

ピクニックセット

購入金額	入手方法
－	??
ハッピーUP度	嫌いな性格
2	シャイタイプ

イルカっちフロート

購入金額	入手方法
1600	たまモール夏
ハッピーUP度	嫌いな性格
1	おとなしいタイプ

かきごおりき

購入金額	入手方法
－	??
ハッピーUP度	嫌いな性格
1	あまえんぼうタイプ

はなび

購入金額	入手方法
－	??
ハッピーUP度	嫌いな性格
1	シャイタイプ

かぼちゃのたね

購入金額	入手方法
1030	たまモール秋
ハッピーUP度	嫌いな性格
1	かっぱつタイプ

ぶんこぼん

購入金額	入手方法
－	??
ハッピーUP度	嫌いな性格
1	かっぱつタイプ

パラグライダー

購入金額	入手方法
1860	たまモール秋
ハッピーUP度	嫌いな性格
1	あまえんぼうタイプ

おどうぐは「たまモール」で売ることができるけど
その場合は購入金額の10分の1の値段になるよ。

そり	
購入金額	入手方法
1600	たまモール冬
ハッピーUP度	嫌いな性格
1	おとなしいタイプ

あみものセット	
購入金額	入手方法
－	??
ハッピーUP度	嫌いな性格
1	かっぱつタイプ

オルゴール	
購入金額	入手方法
－	??
ハッピーUP度	嫌いな性格
1	かっぱつタイプ

たこ	
購入金額	入手方法
200	たま日本限定
ハッピーUP度	嫌いな性格
1	なし

おみこし	
購入金額	入手方法
3500	たま日本限定
ハッピーUP度	嫌いな性格
1	なし

やきゅうセット	
購入金額	入手方法
890	たま北アメリカ限定
ハッピーUP度	嫌いな性格
1	なし

スケボー	
購入金額	入手方法
1080	たま北アメリカ限定
ハッピーUP度	嫌いな性格
1	なし

マラカス	
購入金額	入手方法
380	たまラテンアメリカ限定
ハッピーUP度	嫌いな性格
1	なし

サンバセット	
購入金額	入手方法
1380	たまラテンアメリカ限定
ハッピーUP度	嫌いな性格
1	なし

カスタネット	
購入金額	入手方法
300	たまヨーロッパ限定
ハッピーUP度	嫌いな性格
1	なし

ロードバイク	
購入金額	入手方法
1890	たまヨーロッパ限定
ハッピーUP度	嫌いな性格
1	なし

トゥクトゥク	
購入金額	入手方法
2900	たまアジア限定
ハッピーUP度	嫌いな性格
1	なし

どら	
購入金額	入手方法
1200	たまアジア限定
ハッピーUP度	嫌いな性格
1	なし

まほうのランプ	
購入金額	入手方法
1000	たま中東限定
ハッピーUP度	嫌いな性格
1	なし

そらとぶじゅうたん	
購入金額	入手方法
2000	たま中東限定
ハッピーUP度	嫌いな性格
1	なし

ブーメラン	
購入金額	入手方法
1300	たまオセアニア限定
ハッピーUP度	嫌いな性格
1	なし

ラグビーボール	
購入金額	入手方法
400	たまオセアニア限定
ハッピーUP度	嫌いな性格
1	なし

ジャンベ	
購入金額	入手方法
800	たまアフリカ限定
ハッピーUP度	嫌いな性格
1	なし

サファリカー	
購入金額	入手方法
2800	たまアフリカ限定
ハッピーUP度	嫌いな性格
1	なし

おそうじロボ	
購入金額	入手方法
－	デフォルト
ハッピーUP度	嫌いな性格
1	なし

アクセサリーリスト

アクセサリーは「たまモール」で売ることができるよ。
その場合は購入金額の10分の1の値段になるよ。

ピンクのリボン
値段 500	つける場所 あたま
入手方法	好みの性格
たまモール	あまえんぼうタイプ

ヘッドセット
値段 700	つける場所 あたま
入手方法	好みの性格
たまモール	シャイタイプ

クラウン
値段 1000	つける場所 あたま
入手方法	好みの性格
たまモール	ふしぎタイプ

サイバーサングラス
値段 700	つける場所 かお
入手方法	好みの性格
たまモール	シャイタイプ

サウナハット
値段 400	つける場所 あたま
入手方法	好みの性格
たまモール	かっぱつタイプ

あせ
値段 200	つける場所 かお
入手方法	好みの性格
たまモール	かっぱつタイプ

おはなイヤリング
値段 300	つける場所 かお
入手方法	好みの性格
たまモール	あまえんぼうタイプ

マスク
値段 200	つける場所 かお
入手方法	好みの性格
たまモール	おとなしいタイプ

ギター
値段 700	つける場所 からだ
入手方法	好みの性格
たまモール	ふしぎタイプ

ゆげ
値段 300	つける場所 せなか
入手方法	好みの性格
たまモール	かっぱつタイプ

アイマスク
値段 300	つける場所 かお
入手方法	好みの性格
たまモール	おとなしいタイプ

まくら
値段 500	つける場所 からだ
入手方法	好みの性格
たまモール	ふしぎタイプ

スポーツグラス
値段 700	つける場所 かお
入手方法	好みの性格
たまモール	かっぱつタイプ

ピンクのつのカチュ
値段 600	つける場所 あたま
入手方法	好みの性格
たまモール	あまえんぼうタイプ

デビルのはね
値段 700	つける場所 せなか
入手方法	好みの性格
たまモール	あまえんぼうタイプ

セルフィーぼう
値段 600	つける場所 からだ
入手方法	好みの性格
たまモール	かっぱつタイプ

ナイトキャップ
値段 500	つける場所 あたま
入手方法	好みの性格
たまモール	ふしぎタイプ

エッグぼうし
値段 −	つける場所 あたま
入手方法	好みの性格
??	シャイタイプ

おはなアーチ
値段 800	つける場所 せなか
入手方法	好みの性格
たまモール春	あまえんぼうタイプ

エッグバスケット
値段 400	つける場所 からだ
入手方法	好みの性格
たまモール春	シャイタイプ

パステルサングラス
値段 −	つける場所 かお
入手方法	好みの性格
??	ふしぎタイプ

どっきりアイスぼう
値段 −	つける場所 あたま
入手方法	好みの性格
??	ふしぎタイプ

シュノーケル
値段 600	つける場所 かお
入手方法	好みの性格
たまモール夏	かっぱつタイプ

スキューバボンベ
値段 800	つける場所 せなか
入手方法	好みの性格
たまモール夏	かっぱつタイプ

うきわ
値段 −	つける場所 からだ
入手方法	好みの性格
??	あまえんぼうタイプ

かぼちゃぼうし
値段 −	つける場所 あたま
入手方法	好みの性格
??	おとなしいタイプ

ゴーストおめん
値段 600	つける場所 かお
入手方法	好みの性格
たまモール秋	おとなしいタイプ

おともゴースト
値段 800	つける場所 せなか
入手方法	好みの性格
たまモール秋	おとなしいタイプ

かぼちゃバスケット		
値段 −	つける場所 からだ	
入手方法 ??	好みの性格 シャイタイプ	

あかいサンタぼう		
値段 600	つける場所 あたま	
入手方法 たまモール冬	好みの性格 おとなしいタイプ	

サンタなつけひげ		
値段 400	つける場所 かお	
入手方法 たまモール冬	好みの性格 かっぱつタイプ	

クリスマスステッキ		
値段 500	つける場所 からだ	
入手方法 たまモール冬	好みの性格 あまえんぼうタイプ	

プレゼントぶくろ		
値段 −	つける場所 せなか	
入手方法 ??	好みの性格 シャイタイプ	

おひめさまかつら		
値段 800	つける場所 あたま	
入手方法 たま日本限定	好みの性格 あまえんぼうタイプ	

かぶと		
値段 1000	つける場所 あたま	
入手方法 たま日本限定	好みの性格 かっぱつタイプ	

せんす		
値段 500	つける場所 からだ	
入手方法 たま日本限定	好みの性格 シャイタイプ	

わがさ		
値段 600	つける場所 からだ	
入手方法 たま日本限定	好みの性格 おとなしいタイプ	

うちゅうヘルメット		
値段 1000	つける場所 あたま	
入手方法 たまアメリカ限定	好みの性格 かっぱつタイプ	

アメフトヘルメット		
値段 800	つける場所 あたま	
入手方法 たま北アメリカ限定	好みの性格 かっぱつタイプ	

ミルキーウェイ		
値段 600	つける場所 からだ	
入手方法 たま北アメリカ限定	好みの性格 ふしぎタイプ	

アメフトボール		
値段 500	つける場所 からだ	
入手方法 たま北アメリカ限定	好みの性格 かっぱつタイプ	

ポンチョ		
値段 500	つける場所 からだ	
入手方法 たまラテンアメリカ限定	好みの性格 シャイタイプ	

ソンブレロ		
値段 600	つける場所 あたま	
入手方法 たまラテンアメリカ限定	好みの性格 シャイタイプ	

サンバのはね		
値段 1000	つける場所 せなか	
入手方法 たまラテンアメリカ限定	好みの性格 かっぱつタイプ	

ラスタぼうし		
値段 800	つける場所 あたま	
入手方法 たまラテンアメリカ限定	好みの性格 ふしぎタイプ	

バイキングぼうし		
値段 800	つける場所 あたま	
入手方法 たまヨーロッパ限定	好みの性格 かっぱつタイプ	

バグパイプ		
値段 600	つける場所 からだ	
入手方法 たまヨーロッパ限定	好みの性格 おとなしいタイプ	

テディベア		
値段 500	つける場所 からだ	
入手方法 たまヨーロッパ限定	好みの性格 あまえんぼうタイプ	

ロココぼうし		
値段 1000	つける場所 あたま	
入手方法 たまヨーロッパ限定	好みの性格 ふしぎタイプ	

パンダさんぼうし		
値段 800	つける場所 あたま	
入手方法 たまアジア限定	好みの性格 あまえんぼうタイプ	

ノンラー		
値段 600	つける場所 あたま	
入手方法 たまアジア限定	好みの性格 おとなしいタイプ	

ゾウっちぬい		
値段 500	つける場所 からだ	
入手方法 たまアジア限定	好みの性格 あまえんぼうタイプ	

きょうげきおめん		
値段 1000	つける場所 かお	
入手方法 たまアジア限定	好みの性格 おとなしいタイプ	

ターバン		
値段 1000	つける場所 あたま	
入手方法 たま中東限定	好みの性格 おとなしいタイプ	

まほうのランプ		
値段 800	つける場所 からだ	
入手方法 たま中東限定	好みの性格 シャイタイプ	

ナザルボンジュウ		
値段 600	つける場所 からだ	
入手方法 たま中東限定	好みの性格 ふしぎタイプ	

ラクダっちぬい		
値段 500	つける場所 からだ	
入手方法 たま中東限定	好みの性格 あまえんぼうタイプ	

オパールイヤリング		
値段 1000	つける場所 かお	
入手方法 たまセアニア限定	好みの性格 ふしぎタイプ	

ウクレレ		
値段 500	つける場所 からだ	
入手方法 たまオセアニア限定	好みの性格 おとなしいタイプ	

コアラっちぼうし		
値段 600	つける場所 あたま	
入手方法 たまセアニア限定	好みの性格 シャイタイプ	

ファイヤートーチ		
値段 800	つける場所 からだ	
入手方法 たまセアニア限定	好みの性格 かっぱつタイプ	

ライオンっちぼうし
値段 600	つける場所 あたま
入手方法 たまアフリカ限定	好みの性格 かっぱつタイプ

キリンっちカチュ
値段 500	つける場所 あたま
入手方法 たまアフリカ限定	好みの性格 シャイタイプ

おうさまマスク
値段 1000	つける場所 かお
入手方法 たまアフリカ限定	好みの性格 おとなしいタイプ

ブブゼラ
値段 800	つける場所 からだ
入手方法 たまアフリカ限定	好みの性格 かっぱつタイプ

わたリボン
値段 600	つける場所 あたま
入手方法 DIY用(通常コース)	好みの性格 あまえんぼうタイプ

わたピアス
値段 500	つける場所 かお
入手方法 DIY用(通常コース)	好みの性格 かっぱつタイプ

ジュエルカチュ
値段 800	つける場所 あたま
入手方法 DIY用(通常コース)	好みの性格 あまえんぼうタイプ

ジュエルメガネ
値段 800	つける場所 かお
入手方法 DIY用(通常コース)	好みの性格 おとなしいタイプ

ジュエルステッキ
値段 800	つける場所 からだ
入手方法 DIY用(通常コース)	好みの性格 ふしぎタイプ

しんぶんしかぶと
値段 200	つける場所 あたま
入手方法 DIY用(通常コース)	好みの性格 おとなしいタイプ

しんぶんしマント
値段 200	つける場所 せなか
入手方法 DIY用(通常コース)	好みの性格 かっぱつタイプ

しんぶんしのけん
値段 200	つける場所 からだ
入手方法 DIY用(通常コース)	好みの性格 かっぱつタイプ

はっぱかんむり
値段 200	つける場所 あたま
入手方法 DIY用(通常コース)	好みの性格 おとなしいタイプ

はっぱのおめん
値段 200	つける場所 かお
入手方法 DIY用(通常コース)	好みの性格 シャイタイプ

はっぱのつばさ
値段 200	つける場所 せなか
入手方法 DIY用(通常コース)	好みの性格 ふしぎタイプ

はっぱポンチョ
値段 200	つける場所 からだ
入手方法 DIY用(通常コース)	好みの性格 かっぱつタイプ

フルーツカチュ
値段 600	つける場所 あたま
入手方法 DIY用(通常コース)	好みの性格 あまえんぼうタイプ

フルーツかごアクセ
値段 500	つける場所 からだ
入手方法 DIY用(通常コース)	好みの性格 あまえんぼうタイプ

ラッピングリボン
値段 600	つける場所 あたま
入手方法 DIY用(通常コース)	好みの性格 あまえんぼうタイプ

ビッグリボン
値段 700	つける場所 せなか
入手方法 DIY用(通常コース)	好みの性格 ふしぎタイプ

ロボットヘッド
値段 1000	つける場所 あたま
入手方法 DIY用(通常コース)	好みの性格 ふしぎタイプ

ジェットウィング
値段 1000	つける場所 せなか
入手方法 DIY用(通常コース)	好みの性格 シャイタイプ

ローズかんむり
値段 600	つける場所 あたま
入手方法 DIY用(季節コース)	好みの性格 あまえんぼうタイプ

ローズめがね
値段 500	つける場所 かお
入手方法 DIY用(季節コース)	好みの性格 おとなしいタイプ

いちりんのローズ
値段 300	つける場所 からだ
入手方法 DIY用(季節コース)	好みの性格 かっぱつタイプ

チューリップぼうし
値段 600	つける場所 あたま
入手方法 DIY用(季節コース)	好みの性格 シャイタイプ

チューリップほっぺ
値段 400	つける場所 かお
入手方法 DIY用(季節コース)	好みの性格 あまえんぼうタイプ

チューリップブーケ
値段 300	つける場所 からだ
入手方法 DIY用(季節コース)	好みの性格 かっぱつタイプ

かいがらぼうし
値段 900	つける場所 あたま
入手方法 DIY用(季節コース)	好みの性格 おとなしいタイプ

バブルぼうし
値段 600	つける場所 あたま
入手方法 DIY用(季節コース)	好みの性格 シャイタイプ

かいがらイヤリング
値段 400	つける場所 かお
入手方法 DIY用(季節コース)	好みの性格 あまえんぼうタイプ

かいがらリュック
値段 1000	つける場所 せなか
入手方法 DIY用(季節コース)	好みの性格 ふしぎタイプ

バブルアーチ
値段 1000	つける場所 せなか
入手方法 DIY用(季節コース)	好みの性格 かっぱつタイプ

バブルバルーン
値段 500	つける場所 からだ
入手方法 DIY用(好みの性格コース)	好みの性格 おとなしいタイプ

きのこカゴアクセ
値段 400	つける場所 からだ
入手方法 DIY用(季節コース)	好みの性格 あまえんぼうタイプ

きのこぐるみ
値段 1000	つける場所 あたま
入手方法 DIY用(季節コース)	好みの性格 ふしぎタイプ

しょいきのこ
値段 900	つける場所 せなか
入手方法 DIY用(季節コース)	好みの性格 ふしぎタイプ

むぎブーケ
値段 300	つける場所 からだ
入手方法 DIY用(季節コース)	好みの性格 シャイタイプ

むぎかんむり
値段 400	つける場所 あたま
入手方法 DIY用(季節コース)	好みの性格 かっぱつタイプ

きのこめがね
値段 500	つける場所 かお
入手方法 DIY用(季節コース)	好みの性格 おとなしいタイプ

ゆきティアラ
値段 800	つける場所 あたま
入手方法 DIY用(季節コース)	好みの性格 あまえんぼうタイプ

ゆきのステッキ
値段 400	つける場所 からだ
入手方法 DIY用(季節コース)	好みの性格 おとなしいタイプ

ゆきのけっしょう
値段 900	つける場所 せなか
入手方法 DIY用(季節コース)	好みの性格 かっぱつタイプ

ニットぼう
値段 500	つける場所 あたま
入手方法 DIY用(季節コース)	好みの性格 おとなしいタイプ

ニットマフラー
値段 400	つける場所 からだ
入手方法 DIY用(季節コース)	好みの性格 シャイタイプ

ニットゆきだるま
値段 500	つける場所 からだ
入手方法 DIY用(季節コース)	好みの性格 ふしぎタイプ

BFFカチュ
値段 900	つける場所 あたま
入手方法 いっしょにDIY用	好みの性格 すべて

BFFステッキ
値段 800	つける場所 からだ
入手方法 いっしょにDIY用	好みの性格 すべて

おそろいひょっとこ
値段 1000	つける場所 あたま
入手方法 いっしょにDIY用	好みの性格 すべて

おそろいアフロ
値段 900	つける場所 あたま
入手方法 いっしょにDIY用	好みの性格 すべて

おそろいはなめがね
値段 800	つける場所 かお
入手方法 いっしょにDIY用	好みの性格 すべて

おそろいカラぼう
値段 800	つける場所 あたま
入手方法 いっしょにDIY用	好みの性格 すべて

BFFぐるみ
値段 1100	つける場所 あたま
入手方法 いっしょにDIY用	好みの性格 すべて

BFFバルーン
値段 900	つける場所 からだ
入手方法 いっしょにDIY用	好みの性格 すべて

BFFトート
値段 900	つける場所 からだ
入手方法 いっしょにDIY用	好みの性格 すべて

おそろいフレーム
値段 1100	つける場所 かお
入手方法 いっしょにDIY用	好みの性格 すべて

おそろいバケハ
値段 800	つける場所 あたま
入手方法 いっしょにDIY用	好みの性格 すべて

しろたまズぬい
値段 1000	つける場所 からだ
入手方法 いっしょにDIY用	好みの性格 すべて

かぐリスト

ソファ
値段 0
入手方法
デフォルト

テレビ
値段 0
入手方法
デフォルト

かだん
値段 0
入手方法
デフォルト

デスク&チェア
値段 1200
入手方法
たまモール

アーケードゲーム
値段 1800
入手方法
たまモール

パステルテント
値段 1800
入手方法
たまモール

パステルシェルフ
値段 1000
入手方法
たまモール

フラミンゴグリーン
値段 1000
入手方法
たまモール

フラミンゴソファ
値段 1500
入手方法
たまモール

ボードラック
値段 1800
入手方法
たまモール

アートボード
値段 1200
入手方法
たまモール

モノクロソファ
値段 1500
入手方法
たまモール

モノクロミラー
値段 1000
入手方法
たまモール

UFO
値段 2000
入手方法
たまモール

わくせい
値段 1500
入手方法
たまモール

にじクッション
値段 1200
入手方法
たまモール

にじシェルフ
値段 1000
入手方法
たまモール

テント
値段 1800
入手方法
たまモール

ハンモック
値段 1200
入手方法
たまモール

ウッディシェルフ
値段 1000
入手方法
たまモール

ウッディテレビ
値段 1700
入手方法
たまモール

ラブリードレッサー
値段 1800
入手方法
たまモール

ラブリーソファ
値段 1500
入手方法
たまモール

ブルーなライト
値段 1000
入手方法
たまモール

ブルーなソファ
値段 1500
入手方法
たまモール

ユニークチェスト
値段 1600
入手方法
たまモール

ユニークソファ
値段 1500
入手方法
たまモール

かぐはリビングに最大2個まで置くことができるよ。
庭にかぐを置くと、たまにペットが来てくれるかも!?

パターンチェスト

値段 1600
入手方法
たまモール

パターンランプ

値段 1000
入手方法
たまモール

おおきなグリーン
値段 1200
入手方法
たまモール

グリーンシェルフ
値段 1000
入手方法
たまモール

イースターかざり

値段 1600
入手方法
たまモール春

フラワーチェア
値段 1200
入手方法
たまモール春

ヤシのき
値段 1000
入手方法
たまモール夏

うきわとボール
値段 1200
入手方法
たまモール夏

かぼちゃソファ
値段 1500
入手方法
たまモール秋

かぼちゃきょうだい
値段 1800
入手方法
たまモール秋

クリスマスツリー
値段 1800
入手方法
たまモール冬

レンガのだんろ
値段 1800
入手方法
たまモール冬

ぼんさい
値段 1600
入手方法
たま日本限定

びょうぶ
値段 2000
入手方法
たま日本限定

ジュークボックス
値段 2000
入手方法
たま北アメリカ限定

ガムボールマシン
値段 1600
入手方法
たま北アメリカ限定

サボテン
値段 1600
入手方法
たまラテンアメリカ限定

カラベラチェスト
値段 2000
入手方法
たまラテンアメリカ限定

ロココソファ
値段 2000
入手方法
たまヨーロッパ限定

キッチンワゴン
値段 1600
入手方法
たまヨーロッパ限定

とうじきのつぼ
値段 2000
入手方法
たまアジア限定

くすりだんす
値段 1600
入手方法
たまアジア限定

キリムチェア
値段 2000
入手方法
たま中東限定

モザイクランプ
値段 1600
入手方法
たま中東限定

かいがらチェア

値段 2000
入手方法
たまオセアニア限定

くらげっちランプ

値段 1600
入手方法
たまオセアニア限定

キリンっちぐるみ
値段 1600
入手方法
たまアフリカ限定

たまアフリカンおめん

値段 2000
入手方法
たまアフリカ限定

リビングリスト

リフォームして模様替えをできるのはリビングだけ。
たまモールで好みのデザインを探してね。

デフォルトリビング	**サイバー**

デフォルトリビング
値段 FREE　入手方法 デフォルト

サイバー
値段 2000　入手方法 たまモール

ユニコーン
値段 2000　入手方法 たまモール

フラミンゴ
値段 2000　入手方法 たまモール

ストリート
値段 2000　入手方法 たまモール

モノクロ
値段 2000　入手方法 たまモール

スペース
値段 2000　入手方法 たまモール

レインボー
値段 2000　入手方法 たまモール

アウトドア
値段 2000　入手方法 たまモール

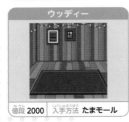  

ウッディー
値段 2000　入手方法 たまモール

ラブリー
値段 2000　入手方法 たまモール

フレッシュ
値段 2000　入手方法 たまモール

ユニーク
値段 2000 入手方法 たまモール

パターン
値段 2000 入手方法 たまモール

ネイチャー
値段 2000 入手方法 たまモール

フラワー
値段 1500 入手方法 たまモール春

マリン
値段 1500 入手方法 たまモール夏

パンプキン
値段 1500 入手方法 たまモール秋

カントリー
値段 1500 入手方法 たまモール冬

わしつ
値段 2500 入手方法 たま日本限定

たまアメリカン
値段 2500 入手方法 たま北アメリカ限定

たまメキシカン
値段 2500 入手方法 たまラテンアメリカ限定

ロココ
値段 2500 入手方法 たまヨーロッパ限定

たまチャイニーズ
値段 2500 入手方法 たまアジア限定

たまアラビアン
値段 2500 入手方法 たま中東限定

たまグレートバリアリーフ
値段 2500 入手方法 たまオセアニア限定

たまサバンナ
値段 2500 入手方法 たまアフリカ限定

ハンドメイドリスト

ハンドメイドするには、【必要そ材1つまたは2つ】×【各色そざい3つ】を使うよ!

わたリボン
必要素材	コットン	ゴム
期間	通年	

わたピアス
必要素材	コットン	きんぞく
期間	通年	

ジュエルカチュ
必要素材	ほうせき	ゴム
期間	通年	

ジュエルメガネ
必要素材	ほうせき	きんぞく
期間	通年	

ジュエルステッキ
必要素材	ほうせき	きのえだ
期間	通年	

しんぶんしかぶと
必要素材	しんぶんし	しんぶんし
期間	通年	

しんぶんしマント
必要素材	しんぶんし	しんぶんし
期間	通年	

しんぶんしのけん
必要素材	しんぶんし	しんぶんし
期間	通年	

はっぱかんむり
必要素材	はっぱ	ひも
期間	通年	

はっぱのおめん
必要素材	はっぱ	ゴム
期間	通年	

はっぱのつばさ
必要素材	はっぱ	かぜ
期間	通年	

はっぱポンチョ
必要素材	はっぱ	はっぱ
期間	通年	

フルーツカチュ
必要素材	フルーツ	きんぞく
期間	通年	

フルーツかごアクセ
必要素材	フルーツ	きのえだ
期間	通年	

ラッピングリボン
必要素材	リボン	ゴム
期間	通年	

ビッグリボン
必要素材	リボン	かぜ
期間	通年	

ロボットヘッド
必要素材	てつ	てつ
期間	通年	

ジェットウィング
必要素材	てつ	かぜ
期間	通年	

ローズかんむり
必要素材	ローズ	ひも
期間	春	

ローズめがね
必要素材	ローズ	きんぞく
期間	春	

いちりんのローズ
必要素材	ローズ
期間	春

チューリップぼうし
必要素材	チューリップ	コットン
期間	春	

チューリップほっぺ
必要素材	チューリップ	チューリップ
期間	春	

チューリップブーケ
必要素材	チューリップ	ひも
期間	春	

たまごっちユニからの新システム。期間限定のものもあるので、
ハンドメイドできる時期にはぜひチャレンジしてね！

かいがらぼうし
必要素材		
	かいがら	コットン
期間	夏	

バブルぼうし
必要素材		
	バブル	コットン
期間	夏	

かいがらイヤリング
必要素材		
	かいがら	きんぞく
期間	夏	

かいがらリュック
必要素材		
	かいがら	かいがら
期間	夏	

バブルアーチ
必要素材		
	バブル	かぜ
期間	夏	

バブルバルーン
必要素材		
	バブル	ゴム
期間	夏	

きのこカゴアクセ
必要素材		
	きのこ	きのえだ
期間	秋	

きのこぐるみ
必要素材		
	きのこ	コットン
期間	秋	

しょいきのこ
必要素材		
	きのこ	きのこ
期間	秋	

むぎブーケ
必要素材		
	むぎ	むぎ
期間	秋	

むぎかんむり
必要素材		
	むぎ	ひも
期間	秋	

きのこめがね
必要素材		
	きのこ	きんぞく
期間	秋	

ゆきティアラ
必要素材		
	ゆき	きんぞく
期間	冬	

ゆきのステッキ
必要素材		
	ゆき	きのえだ
期間	冬	

ゆきのけっしょう
必要素材		
	ゆき	ほうせき
期間	冬	

ニットぼう
必要素材		
	けいと	コットン
期間	冬	

ニットマフラー
必要素材		
	けいと	かぜ
期間	冬	

ニットゆきだるま
必要素材		
	けいと	ゆき
期間	冬	

おせわアイコンリスト

お世話をしたことでもらえるアイコン。いろんなたまごっちをお世話して、コンプリートしちゃお。

ごはんアイコン

 ▶ ▶

100回	500回	1000回
ごはんをあげる	ごはんをあげる	ごはんをあげる

おやつアイコン

 ▶ ▶

100回	500回	1000回
おやつをあげる	おやつをあげる	おやつをあげる

おふろアイコン

 ▶ ▶

30回	100回	500回
おふろにいれる	おふろにいれる	おふろにいれる

トイレアイコン

 ▶ ▶

1回	10回	30回
トイレにつれていく	トイレにつれていく	トイレにつれていく

うんちアイコン

 ▶ ▶

1回	30回	100回
うんちをながす	うんちをながす	うんちをながす

すきアイコン

すきなおどうぐができる

たまバースアイコン

 ▶ ▶

1回	10回	20回
イベントでチャレンジ	イベントでチャレンジ	イベントでチャレンジ

たまっちんぐパーティーパートナーアイコン

 ▶ ▶

1回	50回	100回
たまバースでパートナーに	たまバースでパートナーに	たまバースでパートナーに

Proアイコン

おどうぐの
プロになる

たまファッションコーデ登録アイコン

1回
コーデを
登録する

▶

50回
コーデを
登録する

▶

100回
コーデを
登録する

Proアイコン

おどうぐの
プロになる

たまファッションコーデ登録アイコン

1回	50回	100回
コーデを登録する	コーデを登録する	コーデを登録する

ハンドメイドアイコン

1回	25回	54回
ハンドメイドする	ハンドメイドする	ハンドメイドする

ミニゲームアイコン

30回	100回	500回
ミニゲームでパーフェクト	ミニゲームでパーフェクト	ミニゲームでパーフェクト

たまウォークアイコン

1回	50回	100回
たまウォークでお散歩する	たまウォークでお散歩する	たまウォークでお散歩する

ツーしんアイコン

1回	5回	10回
友だちとツーしんする	友だちとツーしんする	友だちとツーしんする

きゅうきゅうしゃっちアイコン

1回	5回	10回
きゅうきゅうしゃっちを呼ぶ	きゅうきゅうしゃっちを呼ぶ	きゅうきゅうしゃっちを呼ぶ

たまトラベルアイコン

 オーロラ　 ジャングル　 トロピカルアイランド

 砂漠　 水の都

4 パーフェクトアイテムリスト

107

たまごっち ほんわか劇場 ④

ここがたまバース

みんなでたまバースへ行ってみる事に!!

ピロピロ ピー

みんなのぶんもだぜ!!

ここがたまバース!!

はじめましてのたまごっちもいますね!!

TAMA VERSE

HELLO!

世界中からたまごっちが集まってるんだぜ——☀

なんだかワクワクしちゃいます〜♪

わ——い!!

いっぱい楽しむだっち!!

TAMA ARINA

かっちゃいました!!

POTE

楽しかったね!

ただいま〜〜たまバース楽しかったですね!!!

またみんなで行こうゼ☀

大へ新しいたまともができて充実した1日でした〜〜〜♪

またね——っ

今日はこのままぐっすりと…

ん?

ゆにまるっち…

こんどはぼくのベッドにスッと入ってて——!!!

すやぁ…

おしまい!!

5章

\ もっともっと /

ENJOY!
たまごっち
ユニ

たまごっちユニをもっと楽しむ関連商品を紹介。
ここでしかゲットできないふろくも!

自分色にカスタマイズしよっ★

関連アイテム紹介

もっともっと個性豊かにたまごっちライフを楽しもう!
おすすめアイテムを教えちゃうよ♪

\Unique!/

ネックストラップ

Tamagotchi Uni本体を首からさげて持ち歩けるストラップ。ユニークなキャラクター達がデザインされてるよ。

発売中／各1100円(税込)

Unique Black

Unique Marble

Tamagotchi Uni
ネックストラップ Unique Black

Tamagotchi Uni
ネックストラップ Unique Marble

きせかえベルト

Tamagotchi Uniをスタイルチェンジして持ち歩こう。街で目立つこと間違いなし!

発売中／各1320円(税込)

Tamagotchi Uni
きせかえベルト
Cyber Black

Tamagotchi Uni
きせかえベルト
Future White

set!

Cyber Black

set!

Future White

※Tamagotchi Uni本体は別売りです。

ふろく ダウンロードコード

このダウンロードコードを
たまごっちユニに入力すると
この本でしかGETできない
アクセサリーがもらえちゃうよ！

33Pをチェック

✂ キリトリ

マスターブック：8Q70 XBNE 52L9 6A84

マスターぼうし：NXKV HNGQ MA65 CW0B

マスターめがね：F620 WBQ8 F5EU APDQ

マスターオーラ：9M7S G1EC T4FR QJ9M

5
ENJOY!
たまごっちユニ

✂ キリトリ

※ダウンロードにはWi-Fi環境が必要です。　※詳細はTamagotchi Uniの取扱説明書をお読みください。
※Tamagotchi UniのWi-Fiを使ったサービスは予告なく提供を終了する場合があります。詳しくは公式サイトをご確認ください。
※通信費などはお客様のご負担となります。

Tamagotchi Uni
たまごっちユニ パーフェクトガイド

2023年 8 月 2 日　初版第1刷発行
2024年11月 4 日　　　第3刷発行

[監　修]	株式会社バンダイ
[発 行 所]	株式会社 小学館
	〒101-8001
	東京都千代田区一ツ橋2-3-1
	編集：03-3230-5613
	販売：03-5281-3555
[発 行 人]	井上拓生
[責任編集]	萩原綾乃／筒井清一
[印 刷 所]	共同印刷株式会社
[製 本 所]	株式会社若林製本工場

[カバーデザイン]	木下佑紀乃＋ベイブリッジ・スタジオ
[本文デザイン]	ベイブリッジ・スタジオ
	（釜ヶ谷瑞希／神戸柚乃／木下佑紀乃／諸角千壽／山田和香／山内富江）
[構　成]	舩木ひなこ
[編　集]	稲垣奈穂子
[販　売]	飯田彩音／竹中敏雄
[制　作]	遠山礼子

●造本には十分注意をしておりますが、印刷、製本など製造上の不備がございましたら「制作局コールセンター」
　（0120-336-340）にご連絡ください。（電話受付は、土・日・祝休日を除く9：30～17：30）
●本書の無断での複写（コピー）、上映、放送等の二次利用、翻案等は、著作権法上の例外を除き禁じられています。
●本書の電子データ化などの無断複製は著作権法上の例外を除き禁じられています。
　代行業者等の第三者による本書の電子複製も認められていません。